JEAN SAISON

D'ALSACE

A LA CERNA

NOTÉS ET IMPRESSIONS
D'UN
OFFICIER DE L'ARMÉE D'ORIENT
(Octobre 1915 — Août 1916)

Avec deux cartes

PARIS
LIBRAIRIE PLON
PLON-NOURRIT ET Cⁱᵉ, IMPRIMEURS-ÉDITEURS
8, RUE GARANCIÈRE — 6ᵉ

1918
Tous droits réservés

D'ALSACE

A LA CERNA

Ce volume a été déposé au ministère de l'intérieur
en 1918.

JEAN SAISON

D'ALSACE

A LA CERNA

NOTES ET IMPRESSIONS

D'UN

OFFICIER DE L'ARMÉE D'ORIENT

(Octobre 1915 — Août 1916)

Avec deux cartes

PARIS

LIBRAIRIE PLON

PLON-NOURRIT ET Cie, IMPRIMEURS-ÉDITEURS

8, RUE GARANCIÈRE — 6^e

1918

Tous droits réservés

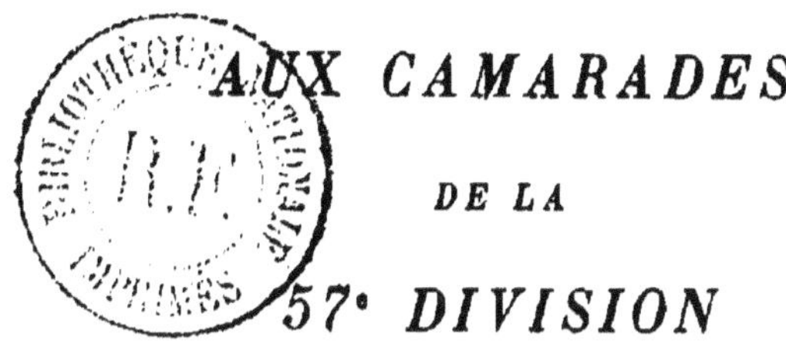

AUX CAMARADES

DE LA

57ᵉ DIVISION

D'ALSACE A LA CERNA

NOTES ET IMPRESSIONS D'UN OFFICIER DE L'ARMÉE D'ORIENT

(OCTOBRE 1915 — AOUT 1916)

CHAPITRE PREMIER

Le départ. — Souvenirs d'Alsace. — La traversée. — Réflexions
sur l'expédition. — Les Cyclades.

7 octobre 1915. — Au milieu de la nuit nous
recevons l'ordre de relever les avant-postes, de
passer la consigne à la division de cavalerie qui est
en réserve derrière nous et de quitter nos cantonnements d'Alsace pour nous rapprocher de Belfort. Nous devons nous y embarquer en chemin
de fer dans quarante-huit heures à destination du
camp de la Valbonne.

Nous ne doutons pas que ce ne soit pour partir
au secours de la Serbie. Un peu d'émotion. La
division est recrutée en Comté, dans le Jura, les
pays de Belfort et de Montbéliard, le Bugey. Bien
que ne revoyant leurs familles que rarement, sol-

dats et officiers étaient heureux de se sentir dans leur voisinage et de se battre près de chez eux; ils n'avaient jamais eu la sensation d'être dépaysés. A ce sentiment s'ajoute le regret de quitter l'Alsace : la vie y était bonne et l'on éprouvait une satisfaction d'amour-propre à se trouver de l'autre côté de la frontière.

L'événement est si inattendu! Le départ d'une de nos brigades, il y a dix jours, ne nous avait pas surpris : elle était en réserve, à la disposition du général en chef; rien que de naturel à ce qu'on l'ait prise pour l'envoyer là-bas. Nous croyions d'autant moins que le reste de la division dût la suivre, que nous préparions l'opération offensive dont on parlait depuis longtemps, soit qu'elle dût être exécutée réellement ou qu'on voulût en donner l'illusion à l'ennemi. En septembre nous avions eu la visite successive des émissaires de l'Armée, du Groupe d'armées, du Grand Quartier Général; nous leur avions montré les points intéressants du terrain, c'est-à-dire ceux qui se prêtaient le mieux, de notre côté au départ d'une attaque, et sur le front ennemi au succès de cette attaque. Nous avions convenu avec eux des immenses travaux qu'exigeait la préparation de cette offensive et qui demanderaient un temps plus ou moins long, suivant le nombre de travailleurs militaires et civils mis à notre disposition. L'ordre avait été donné de préciser les études; le plan des travaux était fait, l'exécution même commencée sur certains points. Aussi étions-nous loin de penser que la division dût être enlevée à ce secteur qu'elle connaissait à fond pour l'avoir entièrement organisé, puisqu'elle l'occupait depuis le commencement de la guerre.

Mais les circonstances ne prêtent pas aux longues réflexions. Au jour, la nouvelle se répand dans les bureaux et dans tout le cantonnement; c'est aussitôt l'agitation d'une fourmilière remuée avec un bâton. Chacun s'occupe de ses bagages; grosse affaire : tant de choses se sont accumulées depuis neuf mois que nous sommes sur place!

Il faut aussi trier les archives. Nous emportons les documents de principe qui peuvent nous servir en Macédoine et laissons à nos remplaçants ceux qui leur sont utiles pour l'organisation et la défense du secteur. C'est avec un plaisir sans mélange que nous passons au camarade venu pour la remise du service le dossier des travaux de défense; celui de la position de deuxième ligne, toujours discutée et remaniée; celui du repli de l'artillerie lourde, aussi en gestation indéfinie : on ne sait pas encore bien ce que l'on veut à ce sujet; celui des projets d'attaque et les autres « instances ».

A 9 heures, un coup de téléphone de l'Armée demande un officier à Remiremont pour recevoir les instructions au sujet du départ et établir le plan de transport. J'aurais aimé faire une dernière fois le trajet par Thann et le col de Bussang. Mais le temps presse. Je ne reverrai donc pas cette route parcourue si souvent : la descente en lacets du signal de Rodern ; la ferme de Lembach (1) ; la traversée de Thann, où chaque fois on voyait de nouvelles maisons éventrées.

Je m'y étais trouvé lors du premier bombardement sérieux, par une triste journée de janvier, où le vent et la pluie faisaient rage. Jamais je n'oublierai le lugubre effet, à la nuit tombante, de ces explosions, grossies par les échos de l'étroite vallée, tandis que le ciel rougeoyait aux flammes d'un incendie et que des fusées éclairantes répandaient une lueur livide. Une partie de la population avait fui à Bitschwiller ; les femmes se ser-

(1)

raient le long des maisons, regardant anxieusement du côté de la cité bombardée. Durant des semaines, on avait rencontré sur la route ces malheureux, qui remontaient la vallée pour chercher un abri hors de la portée du canon, poussant devant eux des voitures d'enfants, où ils emportaient ce qu'ils pouvaient de leurs affaires. Beaucoup étaient revenus, et, comme partout ailleurs, s'étaient habitués au danger, si bien que, les beaux dimanches d'été, en arrivant dans la petite ville dont un faubourg était entièrement détruit, on avait la surprise de trouver les femmes assises et bavardant devant leurs portes, et les enfants jouant dans la rue. Singulière accoutumance, qui a été constatée sur tous les points du front. J'ai vu des enfants sortir de chez eux entre deux obus pour gratter le trou fait par un projectile qui venait de tomber sur la place, et ramasser les morceaux d'acier encore chauds.

Comme à la guerre tout est contraste, à côté des images de bombardement je garde l'impression de Thann pittoresque à souhait, éveillant des idées joyeuses de villégiature et de vacances, quand des pentes du Kurenberg on la découvrait à travers la colonnade des sapins, blottie dans la vallée, avec le clocher de son église qui dressait au-dessus des grands toits alsaciens sa flèche dentelée.

C'était toujours un plaisir de suivre la vallée de la Thür, tant elle présentait d'animation. Les habi-

tants des villages industriels faisaient aux soldats
un accueil bien plus cordial que les paysans de la
région de Dannemarie, et il n'y avait qu'à voir la
sortie des usines pour constater l'intimité des
relations qui s'étaient établies entre la population
ouvrière et ses hôtes de passage, fantassins, chasseurs, artilleurs descendus de l'Hartmannsweilerkopf et du Sudel dans les cantonnements de
repos.

Seule voie possible pour le ravitaillement de
toutes les troupes du secteur, la vallée était parcourue par un va-et-vient perpétuel de voitures,
de colonnes muletières, de convois automobiles.
Le ravitaillement en hiver, par le col de Bussang,
a été un des tours de force qu'ont accomplis pendant la guerre l'Intendance et le Service automobile travaillant de concert. C'était un spectacle
émouvant, et réconfortant par l'image qu'il donnait d'un mouvement parfaitement ordonné, que
la montée et la descente des lourds camions sur
la route en lacets couverte de verglas, où des
équipes de cantonniers travaillaient sans cesse à
déblayer la neige.

L'âpreté du paysage glacé s'accordait aux
souffrances des troupes qui livraient sur les sommets de si rudes combats. Les positions n'étaient
pas organisées; pas d'abris contre les bombarde-
ments; à peine des tranchées, ou plutôt de mauvais
parapets en sacs à terre, car on était le plus sou

vent sur le roc. C'est couchés sur la neige, sous la
neige qui tombait, que les soldats attendaient les
attaques de l'ennemi, ou essayaient de dormir
avant de se lancer eux-mêmes dans des assauts
d'autant plus meurtriers qu'ils n'étaient pas préparés par l'artillerie.

Le manque de troupes disponibles faisait que
les mêmes restaient en ligne des mois entiers
sans être relevées. « Regardez ce qu'on appelle ici
un homme au repos », me dit un jour de janvier le
lieutenant-colonel Jacquemot, qui commandait un
régiment déjà fameux par ses prouesses dans les
Vosges. Et il me montrait un soldat, couvert de la
tête aux pieds de l'argile rouge des tranchées, qui
errait dans la neige boueuse d'une clairière battue
par les obus.

Tous ces souvenirs me revenaient pendant que
pour la dernière fois je roulais vers Remiremont
par la route du Ballon d'Alsace. A l'état-major on
me dit que nous étions dirigés sur le camp de la
Valbonne pour y être équipés en vue de la guerre
en Orient. Les questions concernant le départ
furent vite réglées.

Le général en chef était malade et je ne pus pas
le voir, à mon vif regret. Il n'y avait pas dans son
armée un officier ou un soldat qui ne fût heureux
de l'approcher, tant était réconfortant son accueil,
plein de franchise et de bienveillance ; il répondait
à sa bonne et loyale figure et faisait naître l'affec-

tion, comme son beau caractère et sa valeur
morale inspiraient la confiance. On sentait que le
général de Maudhuy mettait tout son cœur dans
sa manière de commander. C'était une grande
joie quand il annonçait sa visite à la division. Pendant le déjeuner il se montrait plus jeune qu'aucun
de nous. Qui ne l'a pas vu parlant aux hommes,
au cantonnement ou dans la tranchée, ne soup-
çonne pas l'ascendant que peut avoir un général
d'armée sur les troupes qu'il commande. Comme
il avait été le colonel d'un de nos régiments, tous
les troupiers le connaissaient, au moins de réputation ; lui-même se rappelait le nom de beaucoup,
et les interpellait en leur distribuant ses fameuses
pipes. Au cours de ses visites, nous avions toutes
les peines du monde à l'empêcher d'aller aux tranchées les plus avancées, où n'était vraiment pas
sa place. D'ailleurs il n'y mettait pas la moindre
affectation et allait simplement là où se trouvaient
des soldats.

13 octobre. — Le 9, le Quartier Général quitte
Bessoncourt pour s'embarquer à Belfort. Des
avions allemands, profitant du brouillard, font sur
la ville une de ces incursions dont ils sont coutu-
miers. Ils saluent notre départ de leurs bombes,
qui tombent tout près de la gare. Le bruit des
explosions ajoute à l'émotion de l'heure et donne
un accent plus grave aux adieux, déjà attristés par

la nouvelle des pertes énormes que l'offensive de
Champagne a coûtées aux régiments jumeaux des
nôtres, qui nous atteignent dans nos proches et
dans nos amis.

La division cantonne dans les villages aux environs du camp de la Valbonne, le Quartier Général
à Montluel. On procède fiévreusement aux opéra-
rations nécessaires pour nous mettre en état de
faire une campagne d'hiver en Macédoine. Notre
division a été prise sur le front français, où depuis
un an elle tenait les tranchées sans marcher.
C'est dire qu'elle n'a rien de ce qu'il faut pour une
expédition coloniale, qui demanderait des mois
de préparation; comme nous devons prendre la
mer dans une semaine au plus, il n'est pas dou-
teux que nous ne serons munis qu'imparfaitement.
L'essentiel est d'avoir pour les vivres et les munitions des moyens de transport appropriés à un
pays sans routes; les fourgons sont remplacés par
des *arabas*, de provenance américaine.

Montluel et les autres cantonnements voient
des scènes de famille attendrissantes. Chaque train,
chaque tramway déverse un flot de pères, de
mères, d'épouses, d'enfants qui viennent faire
leurs adieux aux partants. Pour beaucoup, c'est la
première réunion depuis quinze mois que dure la
guerre. Les familles reconstituées pour quelques
heures se promènent sans gaieté; que de figures
chiffonnées, d'yeux rougis par les pleurs!

14 octobre. — Deux nouvelles ce matin : nous partons à midi, et le général de Cadoudal ne part pas avec nous ; il est appelé au commandement d'une autre division sur le front français. C'est avec regret que nous perdons ce chef un peu rude, énergique et plein de cœur.

15 octobre. — Nous embarquons à Toulon sur le transatlantique *Savoie*. Par leur belle tenue, l'air grave des soldats, presque tous chefs de famille, nos régiments produisent en ville et sur le port une impression profonde. Ce n'est pas seulement une apparence : un encadrement et une cohésion qui n'ont subi presque aucune atteinte depuis huit mois en font des troupes d'une grande valeur. L'armée française sera bien représentée par eux en Macédoine.

L'embarquement des chevaux et des mulets est fertile en incidents amusants. Le difficile est de leur faire franchir la passerelle branlante qui relie le quai au ponton sur lequel la grue les prend pour les monter à bord ; il faut pousser les mulets à quatre hommes ; quelques-uns sont littéralement portés. Arrivés le long du bateau, on leur passe la sangle sous le ventre ; ils pointent à droite et à gauche les grands cornets de leurs oreilles, se demandant ce qu'on leur prépare ; sitôt en l'air, ils ramènent sous eux leurs jambes fines, en attendant la fin de l'aventure ; à la différence des chevaux, qui penchent la tête d'un air misérable et résigné, ils regardent de tous les côtés.

On charge les voitures; puis le bateau engloutit la longue file d'hommes qui s'avancent comme une procession de fourmis. Tout est prêt pour le départ, qui aura lieu cette nuit.

16 octobre. — Nous voguons sur une mer d'huile, au large de la Corse. Le calme de la traversée porte à l'échange des idées; chacun évoque ses souvenirs. Au fond, nous regrettons l'Alsace. Depuis quinze mois que nous y faisons la guerre, nous nous y sommes profondément attachés. Après le départ de l'armée Pau, c'est la 57ᵉ division qui, sous les ordres du général Bernard, a gardé le coin que nous en tenons. Les anniversaires d'août étaient venus réveiller les impressions de 1914. Quelle joie de rappeler l'entrée en territoire annexé, l'accueil de la population, enthousiaste à Mulhouse et dans les petites cités industrielles des vallées vosgiennes; plus réservé, mais non moins émouvant dans les villages, où les anciens faisaient saluer aux enfants le drapeau tricolore, sous lequel plus d'un avait combattu en 1870. De part et d'autre on échangea des mots qui expriment admirablement l'émotion qui étreignait les cœurs. Un sergent, voyant la foule qui se précipitait pour serrer les mains des officiers et leur jeter des fleurs : « Tout de même, mon capitaine, cela vaut la peine de se faire casser la gueule pour ces gens-là. » Une jeune fille, les yeux brillants, dit aux officiers qui essayaient de modérer l'ardeur des habitants à désaltérer leurs hommes : « Laissez-nous donner à vos soldats, depuis le temps qu'on les attend. »

Les sentiments s'étaient épanouis, si l'on peut dire, dans la sécurité que donna aux habitants notre occupation prolongée, et la confiance de plus en plus ferme que les Allemands étaient impuissants à forcer nos lignes. Entre tous les témoignages que nous nous plaisions à recueillir, j'ai retenu celui-ci, pour la délicatesse de l'expression. Une Alsacienne restée au pays écrivait à une de ses amies réfugiée en France : « C'est vraiment si doux de penser que maintenant notre *chez nous* d'ici fait partie du *chez nous* de France. Le pays ici est idéal, — c'était en juillet, — plus beau encore sous cette allure française; les classes en français, les sermons en français, enfin toute sorte de petits détails le rendent exquis. »

Et une autre : « Quand tu reviendras chez nous, tu ne seras plus en Allemagne. »

On ne pouvait plus se passer des Français; une charmante petite ville s'étant vu enlever son régiment de dragons, que des nécessités militaires avaient appelé ailleurs, fit si bien qu'elle obtint le retour d'un escadron. Nous n'avions rien à refuser à ses notables : leur accueil était si cordial! Plus

heureux que d'autres, ils ne nous avaient pas vus
venir et repartir dans ce flux et ce reflux du début,
qui fit ailleurs mauvais effet sur les populations
alsaciennes : « Un jour vous êtes là, le lendemain
ce sont les Allemands, nous dit-on. Nous fermons
nos portes et nos bouches de peur d'être fusillés
par vous ou par eux. » Lors de cette situation
bizarre qui s'établit après le départ de l'armée Pau,
certaines localités étaient visitées le matin par
nos patrouilles, le soir par celles des Allemands.
Au contraire, aucune vallée vosgienne ne resta
aussi paisible que celle de la petite ville, jadis
célèbre par son abbaye : depuis la mobilisation
elle ne vit pas un soldat allemand et ne reçut pas
un obus.

Tout particulièrement française de langue et
d'idées, sa population s'ingénia, au cours de ces
quinze mois, pour nous exprimer ses sentiments
de manière que nous n'en puissions pas douter.
Dans les cérémonies officielles, les pompiers sor-
taient avec orgueil le grand drapeau tricolore, orné
de l'aigle impérial, qui leur avait été offert par
Napoléon III, et que, depuis quarante-cinq ans, ils
avaient religieusement conservé. Un jour, un de
nos chefs récemment arrivé, — l'Alsace en vit
passer beaucoup en 1915, — se demanda si l'aigle
n'était pas subversif. Nous dûmes lui faire entendre que ces braves gens ne nourrissaient pas la
moindre arrière-pensée de manifester en faveur

« d'un régime déchu », mais avaient saisi en toute simplicité ce moyen de témoigner leur attachement à la France tout court.

Une des circonstances où nous vîmes les pompiers en grande tenue fut la procession de la Fête-Dieu. En cet heureux pays, non seulement on pouvait processionner en toute liberté. La consigne était de se comporter comme faisaient les autorités allemandes. Mais jamais, de leur temps, les reposoirs n'avaient été flanqués de deux canons de 75, enveloppés de feuillage, un bouquet de fleurs dans la bouche. Le plus joliment orné se dressait sur la place, où des alignements de beaux arbres s'harmonisent avec des façades anciennes et une fontaine moderne pour donner un ensemble plein de charme et de noblesse.

On avait demandé au régiment territorial le plus proche le concours de sa clique et de sa musique; le concours fut autorisé sous la réserve habituelle qu'aucune pression ne serait exercée sur les exécutants, qui devaient venir en volontaires. Naturellement, tous s'empressèrent. Ils étaient électeurs dans une région justement réputée par son attachement à la politique radicale socialiste. Pour une fois, leurs principes ne les empêchèrent pas de souffler, de rouler et de battre pendant toute la procession avec la même conviction qu'une fanfare de patronage.

Le curé doyen rayonnait, la physionomie sou-

riante comme le montre cette photographie don-
née par un journal illustré, qui le représente
saluant le Président de la République à la porte de
son église. Cet excellent prêtre, qui fit preuve en
un certain cas de beaucoup d'énergie pour maintenir ses droits sur un point essentiel, parlait aussi
à ses ouailles, quand il le fallait, avec une franchise sans ménagements. Nous goûtâmes particulièrement certain sermon où, avec une rudesse
qu'accentuait son parler alsacien, il les prit à partie
sur un sujet délicat. Il avait de bonnes raisons
pour ne pas être aussi satisfait de notre présence
comme pasteur qu'il l'était comme patriote français.

17 octobre. — Nous parlons aussi de cette expédition de Serbie, décidée si brusquement, et lancée
sans préparation. La diplomatie a ses raisons que
la stratégie ne connaît pas : dualité déplorable.
Les Alliés ont à se faire pardonner par les Serbes
la faute qu'ils ont commise envers eux en les
empêchant de se jeter sur les Bulgares, sous le
prétexte que ceux-ci ne marcheraient pas contre
l'Entente. Comme s'ils pouvaient oublier le traité
de Bucarest, et manquer l'occasion qui leur est
offerte de rentrer, au moins momentanément, en
possession des territoires qu'ils y ont perdus ! Il fallait bien mal connaître le roi Ferdinand pour
croire qu'il se priverait de l'âpre plaisir de la ven-

geance promise à son armée et à son peuple dans
la proclamation fameuse qu'il leur a adressée au
moment où il dut céder à la force. Cette vengeance
leur coûtera peut-être cher, mais ils en auront
savouré les délices. En 1913, nous avons pris parti
contre eux. Notre diplomatie dut avoir pour cela
des raisons sérieuses, sans quoi la presse n'aurait
pas eu la licence de mener contre la Bulgarie, dès
avant la seconde guerre balkanique, la campagne
d'une violence inouïe qui a profondément blessé
les Bulgares. Dès lors il fallait nous préparer à
recueillir les fruits de cette attitude et en accepter les conséquences.

Une intervention rapide à tout prix est aujour-
d'hui nécessaire pour sauver la face à l'égard des
Serbes. Mais il semble qu'elle ne pourra être que
platonique; nous arriverons trop tard pour leur apporter un secours efficace. Les Allemands ne se
sont pas décidés à les attaquer sans avoir réuni les
moyens suffisants pour frapper fort et à coup sûr.
Les 150 ou 200 000 hommes de l'armée serbe, avec
une artillerie trop peu nombreuse et un ravitaillement en munitions difficile puisqu'il ne peut se
faire que par Salonique, ne pèseront pas lourd devant une manœuvre enveloppante exécutée par les
Austro-Allemands et les Bulgares. Que pourrons-
nous faire si nous trouvons ceux-ci interposés
entre les Serbes et nous? Une autre division serait,
paraît-il, envoyée de France en plus de la nôtre;

avec celle venant des Dardanelles, cela fait trois; elles ne seront au complet que dans les premiers jours de novembre, au plus tôt. Que se passera-t-il d'ici là? Que deviendront-elles elles-mêmes si elles sont attaquées?

Les optimistes escomptent le concours de la Grèce. Je n'y crois pas, tant que nous serons trop faibles pour la garantir de l'invasion, c'est-à-dire tant que nous n'aurons pas au moins six divisions, renforcées par une nombreuse artillerie lourde, abondamment pourvue de munitions. Cela représente des transports durant plusieurs mois. Alors l'hiver sera venu, rendant les opérations impossibles...

Il nous semble que la situation eût été bien différente si nous avions pris l'initiative de cette campagne au printemps dernier. Envoyer au mois de mars 300 000 hommes en Orient comme le demandait, je crois, M. Venizelos, c'était annihiler les Turcs et s'assurer l'appui de la Bulgarie, de la Roumanie et de la Grèce. Quel heureux emploi de nos réserves, plutôt que de les user en des attaques qui risquent de ne jamais rien donner! Mais nous sommes à la remorque de l'ennemi. Nous rappelons une fois de plus à ce sujet la fameuse apostrophe de Démosthène aux Athéniens, qui ne fut jamais plus actuelle : « Sachez donc comprendre que pour bien conduire la guerre, on ne doit pas se mettre à la suite des événements, mais à leur tête.... Vous faites la guerre à la manière des pugilistes barbares; ceux-ci, aussitôt touchés, ne manquent pas de porter leur parade sur le point frappé, et partout où ils reçoivent un nouveau coup, c'est là qu'ils jettent leurs mains. Ils ne savent ni ne veulent se couvrir d'avance, ni se tenir en garde... » (1).

18 octobre. — De longues causeries font que les journées passent vite à bord. Les officiers du bateau nous content que les Italiens. n'ayant pas déclaré la guerre à l'Allemagne, n'inquiètent pas les sous-marins allemands. Ne nous plaignons pas trop, et estimons-nous heureux que l'Italie ne soit pas restée fidèle à ses alliances. Mais comment la mettra-t-on d'accord avec la Serbie au sujet de leurs ambitions communes sur la côte orientale de l'Adriatique? Si elle s'adjuge ces pays slaves, comme nécessaires à sa sécurité, quel accroc au principe des nationalités, qu'on sera content de pouvoir invoquer ailleurs!

19 octobre. — Changement de décor. Hier, journée de pleine mer; du matin au soir nous

(1) Je m'excuse de reproduire ce texte fameux du Nationaliste athénien, qui a été si souvent répété depuis que Maurras l'a retrouvé, il y a quelque vingt ans. Mais ce jour-là, et d'autres fois que nous eûmes l'occasion de le citer entre camarades, il fut nouveau pour certains, auxquels il causa d'ailleurs un vif plaisir, par sa vigueur et son à-propos.

avons flotté au centre de la mer ronde, sans autres distractions que le spectacle changeant des jeux de la lumière dans le ciel bleu pâle et l'eau bleu sombre. On suit des yeux le sillage glauque qui serpente au gré de la route sinueuse du bateau, constamment infléchie pour dépister les sous-marins. On s'extasie devant une apparition féerique : pendant quelques secondes, la silhouette d'un navire se profile en noir au milieu du disque écarlate du soleil couchant, qui repose sur les eaux à leur contact avec le ciel. Au moment fugitif où il s'enfonce dans les flots, on cherche à découvrir le fameux rayon vert, qui fuse vertical dans l'azur décoloré de l'occident.

Ce matin, voici que des terres surgissent de toute part. Nous laissons Cythère à bâbord, puis doublons le cap Malée. Les Cyclades sortent de la mer, fauves, bosselées, montueuses; notre marche en zigzag nous les montre sous toutes les faces. Nous longeons Zea d'assez près; la côte est semée de roches d'un vert arsenical. L'île s'allonge au-dessus de l'eau comme une carène renversée; sur ses flancs mamelonnés, des amoncellements de blocs d'une forme géométrique; un chapelet de moulins à vent s'égrènent sur l'arête suprême, découpant leurs ailes sur le ciel. Cette terre rocailleuse, qui semble aride et déserte, est donc habitée? Voici en effet un gros bourg blotti dans un creux; les maisons, des cubes de pierre blancs ou jaunes d'ocre, serrés les uns contre les autres, marqués de points noirs par les ouvertures dont ils sont percés, ont l'air de dés à jouer. En cherchant bien à la lunette, on découvre des sillons sur les pentes; on y voit des lignes en saillie courir du haut en bas, comme des veines sur une peau parcheminée : des clôtures de champs, sans doute.

Malgré le soleil qui les dore, l'absence de verdure donne à ces pays un aspect de désolation. Tout ce que nous voyons aujourd'hui de terres grecques : Cythère, la Morée, les Cyclades, offrent la même apparence brûlée et dévastée. C'est bien le corps décharné, qui n'a conservé que les os, dont parlaient déjà les Anciens : « Tout ce qu'il renfermait de terre grasse et molle a coulé dans la mer. » Résultat incontestable de la destruction des forêts, qui remonte à la plus haute antiquité; le libre pâturage des moutons et des chèvres, pratiqué de tout temps, les empêche de repousser (1). Nous déplorons à ce propos la dévastation systématique des forêts de la Corse pour la production des matières colorantes tirées du bois : encore quelques années de ce régime d'exploitation digne de sauvages, et l'île sera ruinée.

(1) Nous avons constaté en Macédoine que la suppression du pâturage dans les forêts pendant vingt-cinq ans suffirait pour reboiser les pentes : partout les arbres ne demandent qu'à pousser.

Nous traversons le canal d'Oro, entre Andros
et Eubée; l'étroitesse du passage le rend propice
aux attaques de sous-marins et en fait un des
points les plus dangereux de la route. Au dire des
officiers du bord, la vitesse du bateau nous met
presque sûrement à l'abri d'un mauvais coup; il
faudrait, pour noùs atteindre, que le sous-marin
se trouvàt juste sur notre route. Or la mer est
grande.

CHAPITRE II

20 octobre. — Nous sommes arrivés pendant la
nuit devant le filet qui barre la rade de Salonique;
au jour, nous franchissons l'étroite ouverture,
tout de suite refermée derrière nous.

Triste temps : il bruine comme en Normandie;
le ciel passe du jaune blafard au gris. Où est la
lumière de l'Orient? Sans elle, que le paysage
paraît donc triste! A gauche de la baie, une côte
basse et noyée; un large courant jaune, qui s'étale
sur la mer, trahit l'embouchure du Vardar. A
droite, les hauteurs de Karaboroun; au fond, la
ville, piquetée de blanc et de noir par les minarets
et les cyprès. Elle s'étage sur des collines en
amphithéâtre, que couronne une vieille fortification à créneaux. Xerxès, rapporte la tradition, fit
dresser son trône sur le sommet pour contempler
les peuples de l'Asie en marche vers la Grèce. En
arrière, une ceinture de montagnes pelées; sur

leurs versants, des camps de tentes. Aucune trace
de verdure.

Sur la rade reposent des cuirassés et des croi-
seurs français et anglais : le plus beau est notre
Jeanne-d'Arc; des transports; des navires-hôpi-
taux marqués d'une bande verte et de la croix de
Genève. Ce qui me frappe le plus, c'est l'idée que
nous nous trouvons dans un port grec, sans être
en guerre avec la Grèce, ni l'avoir pour alliée.
Nous sommes donc bien sûrs de son amitié? Comment va-t-elle supporter cette occupation de son
territoire? La situation peut devenir difficile si
elle répond aux suggestions des Allemands, trop
intéressés à l'exciter contre nous pour ne pas le
faire.

Nous apprenons que le premier débarquement
des troupes retirées des Dardanelles eut lieu le 7;
elles étaient venues quelques jours plus tôt mais
avaient été rappelées à Moudros par un radiogramme faisant connaître que le débarquement
était impossible. Elles revinrent le 7. Il suffisait
aux Grecs, pour tout entraver, de poser des mines
dans la baie. X... dit froidement qu'ils n'ont pas
voulu nous rendre le service d'empêcher l'expédition.

Un canot automobile nous porte à quai. A l'état-
major de l'armée d'Orient, on nous annonce que
nous allons être installés au camp de Zeitenlik,
à 4 kilomètres nord de la ville. Nous y remplaçons

la division Bailloud, venue des Dardanelles, et
notre brigade Quais, qui nous a précédés ici de
quinze jours. Elles viennent d'être transportées en
Macédoine, avec la mission de garder le chemin
de fer Salonique-Nisch, seule bonne communication que nous ayons avec les Serbes; la division Bailloud à la station de Strumiça; la brigade
Quais, à celle de Krivolak.

L'installation au camp est extrêmement pénible.
Ni baraques ni tentes; un terrain défoncé et souillé
par les précédents occupants. Depuis huit jours il
pleut à torrents. La route est un fleuve de boue,
au lit semé de trous et de fondrières. A la sortie
de la ville elle s'allonge à travers une plaine dé-
solée, où s'étalent à perte de vue des cimetières
turcs, morts eux-mêmes : des pierres tombales
gisent sur le sol, démolies; d'autres restent pen-
chées, comme si elles allaient tomber; surmontées
d'un turban, on dirait les morts et les blessés
d'un champ de bataille.

A la hauteur des casernes grecques s'ouvre une
allée plantée d'arbres, spectacle rare ici et qui
trahit la présence des Occidentaux. A droite, la
maison des Sœurs, abritant des orphelins; à
gauche, le séminaire bulgare, dirigé par les Lazaristes. Tout autour, des jardins potagers et des
champs cultivés. Derrière, un jardin planté de
fleurs et d'arbres fruitiers offre ses allées aux pro-
menades des convalescents de l'hôpital. Nous

sommes dans la joie de rencontrer une oasis française sur cette terre étrangère.

Les Pères mettent à la disposition de l'État-Major les pièces laissées libres par le départ du général Bailloud. A la première nouvelle du débarquement à Salonique, ils ont hissé le drapeau français et offert leur établissement à l'autorité militaire, pour y hospitaliser les malades et les blessés. Le service rendu est d'autant plus important que nous avons une grande difficulté à trouver des locaux, par suite de la mauvaise volonté des Grecs. Dès qu'ils voient que nous en désirons un, ils le réquisitionnent pour leurs propres besoins. Ils entendent affirmer qu'ils sont encore les maîtres chez eux, et nous font déjà sentir ce qu'il en coûte d'opérer dans un pays qui n'est ni ami ni ennemi.

La maison est donc transformée en hôpital. Les sœurs de Saint-Vincent-de-Paul ont donné le concours de leur dévouement et de leur expérience; plusieurs arrivent de Turquie, d'où elles ont été expulsées.

Les malades furent d'abord hospitalisés dans le dortoir des élèves. Mais les régiments des Dardanelles étaient très éprouvés par le climat, et cette salle devint bientôt trop petite. On aménagea les classes, la salle de théâtre, le grenier même. Quand les blessés afflueront, après les premiers combats, on les mettra jusque dans les corridors.

Les Pères ne conservent pour eux qu'un petit coin de leur établissement.

21 octobre. — D'après les camarades de l'état-major de l'armée, le nombre des divisions autrichiennes et allemandes identifiées en Serbie serait de onze. D'autre part, l'armée bulgare mobilisée compte onze divisions, fortes chacune de 35 000 hommes, donc valant presque deux des nôtres.

Les Serbes sont déjà dans une situation désespérée : au lieu de grouper leurs forces en une masse de manœuvre, commettant la même faute que nous en 1870, ils les ont réparties en cordon tout le long de la frontière, ce qui les rend faibles partout. Il y a trois jours, ils nous ont demandé de les secourir à tout prix ; ils ont lâché tout le pays à l'est du Vardar.

Peut-être aurait-on pu leur envoyer, à Nisch ou à Uskub, les régiments de la division Bailloud à mesure qu'ils débarquaient ; ils auraient formé un noyau autour duquel les éléments serbes en retraite auraient essayé de se regrouper. C'eût été un beau geste, mais le risque était gros.

Nous portons déjà le poids des tiraillements politiques auxquels l'expédition a donné lieu. A l'insuffisance de la préparation s'ajoute celle des effectifs : l'armée française d'Orient est beaucoup trop faible ; il faudrait huit divisions au moins. Or il n'en est pas question pour le moment. N'allons pas recommencer comme aux Dardanelles, où l'on est parti à la conquête de l'Empire ottoman avec deux divisions! La leçon a coûté assez cher pour ne pas être oubliée. Il semble pourtant qu'on se berce d'illusions. Un camarade de l'état-major de Salonique me dit, l'air radieux : « Nous allons faire de la bonne besogne. » Avec quoi? A l'objection que deux divisions c'est bien peu pour être lancées en flèche à 150 kilomètres de la base, il répond : « Elles vont faire de la couverture. » Couverture de quelle concentration? Peut-être d'une ou deux divisions encore, tout ce qui sera envoyé de France d'ici plusieurs mois. Il est vrai que quelques-uns ajoutent sans rire : « Pour couvrir la concentration des Grecs. »

Car les Grecs mobilisent et se concentrent. Leu plan paraît être le suivant : un corps d'armée le long de la voie ferrée Salonique-Doiran; un second à l'ouest du Vardar; un troisième à Kilkitch (Kukus); un quatrième à Cavalla et Drama; un cinquième à Negrita. Présentement, ils ont deux divisions à Salonique.

Mais pourquoi nous imaginer qu'ils veulent combattre à nos côtés? Nous nous sommes bien moqués des Allemands parce qu'ils escomptaient la coopération de l'Italie; ne tombons pas dans la même erreur. Les journaux grecs, même venizelistes, disent que la Grèce, qui n'a pas marché ce printemps quand toutes les chances de succès paraissaient pour l'Entente, n'a pas de raisons de le faire aujourd'hui que les armées austro-allemandes foulent victorieusement les vallées serbes. Pour l'entraîner, il faudrait que les Alliés débarquassent 300 000 hommes. Or ils ont débarqué jusqu'à présent 35 000 Français, dont 5 000 non-combattants, et 15 000 Anglais, dont combien de combattants?

D'autre part, sans la coopération des Grecs, on ne voit pas ce que pourront, en face de forces ennemies sept fois plus nombreuses, trois ou quatre divisions françaises. Une solution serait de faire un gros débarquement en Bulgarie pour détourner de nous une partie de ces forces. Espérons qu'un de nos alliés produira cette diversion sans tarder.

Quelle vérification des propos échangés sur le bateau! Nous avons vécu dans les nuages en attendant des concours qui n'étaient rien moins qu'assurés. A force de nous répéter à nous-mêmes qu'il n'y a pas de salut pour le monde civilisé en dehors des voies que lui ouvre l'Entente, nous avons fini par croire que les États étrangers en sont aussi convaincus que nous, et par suite brûlent du désir de nous aider. Or on leur fait d'autre part des promesses aussi alléchantes que les nôtres, et appuyées sur des succès militaires effectifs : la retraite des Russes a exercé une influence désastreuse sur l'opinion en Orient.

En outre, nous n'avons pas tenu compte des

rivalités d'intérêts qui existent entre Bulgares, Serbes, Grecs, Italiens. Tous visent à peu près les mêmes morceaux à se mettre sous les dents, qu'ils ont fort longues. Ces compétitions ne facilitent pas une action commune.

Enfin, si les Français sont sympathiques aux Grecs, aux Bulgares, aux Turcs, il n'en est pas de même de nos alliés. Ainsi l'on remarque ici que les Grecs sont plus désagréables avec les Anglais qu'avec nous. Ils leur reprochent en particulier d'empêcher l'exportation du riz et du blé d'Égypte. Il y a disette de céréales; le pain manque : nous voyons les boulangeries assiégées. Le gouvernement hellénique envoie à Sofia une Commission chargée d'opérer en Bulgarie des achats de blé pour le compte de l'État et de régler la question de son transport. Autant le blocus économique de la Grèce se comprendrait si elle était isolée de l'Europe centrale, autant on se l'explique mal en ce moment puisqu'il ne sert qu'à rapprocher les Grecs des Bulgares.

D'ailleurs, en bons Orientaux, les Grecs sauvent la face; les relations restent correctes, presque cordiales en apparence. Leurs soldats ont l'ordre de saluer les officiers alliés, et ils l'exécutent; la plupart des officiers mettent aussi une coquetterie à nous saluer. Mais ils opposent à toutes nos demandes la plus grande force d'inertie.

En arrivant de France, nous nous étonnons de

voir une telle discordance entre la réalité et les prévisions. Nous ne voudrions pas être des prophètes de malheur et prédire un échec. Mais si l'événement répond aux moyens employés, il ne peut guère tourner autrement. Il s'agira seulement de n'y pas laisser trop de plumes.

CARTE D'ENSEMBLE DE LA MACÉDOINE

25 octobre. — Le général Leblois, de l'infanterie coloniale, est arrivé à Zeitenlik et a pris le commandement de la division.

Le plan d'opérations se dessine. Notre 114ᵉ brigade (général Quais) est depuis le 19 à Krivolak, sur le Vardar. Elle doit couvrir le pont du Vardar, — la notice géographique sur la Macédoine qui nous a été distribuée dit pourtant qu'il est détruit depuis la dernière guerre? — et mettre à l'abri du canon la voie ferrée qui assure encore — pour combien de temps? — notre liaison avec les Serbes.

Elle doit aussi permettre le débouché de l'armée sur la rive gauche du fleuve dans la direction d'Istip. On songe donc à la possibilité de la marche en avant? Mais le général en chef a bien dit au général Leblois que notre attitude doit être la défensive pure : il insiste sur le mot. Il ajoute d'ailleurs qu'on devra rester sur place et ne pas céder de terrain.

L'état-major de la division va s'installer à Negotin, entre Krivolak et Kavadar; celui de la 113ᵉ brigade à Demir Kapu, la station avant Krivolak. Ses éléments y seront poussés à mesure qu'ils arriveront à Salonique. Sa mission est, pour le moment, de rendre praticable la piste Demir Kapu-Krivolak, sur la rive droite du Vardar, et de reconnaître celle qui suit la rive gauche du fleuve. La question des chemins est évidemment de la plus grande importance dans ce pays.

Entre notre droite et la division Bailloud, aux environs de la station de Strumiça, il y a un grand trou que la présence d'un peu de cavalerie est insuffisante à boucher.

26 octobre. — En allant faire mes adieux au P. B..., supérieur des Lazaristes de Zeitenlik, et le remercier de son hospitalité, qui nous a été si précieuse, je parle avec lui de la situation des Lazaristes en Orient. Dans la province de Constantinople, ils ont dix maisons : quatre à Constantinople même, dont deux écoles; des écoles à Cavalla et à Monastir; une mission et un collège à Santorin et à Smyrne; une mission et une paroisse à Salonique; enfin, à Zeitenlik, le séminaire catholique bulgare où nous sommes.

Ce sont leurs écoles et celles tenues par les Filles de la Charité qui leur donnent leur principal moyen d'action; le fait est général dans tout l'Orient. Les enfants de toutes les confessions y sont admis, à la seule condition de suivre la règle et d'observer une attitude correcte pendant les exercices religieux. Les élèves musulmans ou schismatiques gardent, après leur sortie de l'école, du respect et de la reconnaissance aux Religieux et aux Sœurs, si bien qu'un Turc dit un jour à l'un de nos camarades, en lui montrant les sœurs de Saint-Vincent-de-Paul : « Si vous autres, Français, avez en Orient une aussi bonne situation, ce n'est pas à vos commerçants ni à vos officiers que vous le devez, mais à celles-ci. » Les Turcs reconnaissent que c'est à l'éducation reçue chez les Sœurs par les jeunes filles qu'est dû le relèvement de la femme qui commence à se manifester dans la famille musulmane.

Les Pères — il s'agit aussi, bien entendu, de nos autres Ordres religieux — ont ainsi une grande influence, qui s'exerce au profit de la France. Quand l'escadre française était annoncée à Smyrne par exemple, ils préparaient aux officiers une réception, où les élèves récitaient des compliments et jouaient une pièce en français. Les familles y étaient conviées; toute la ville était en fête et notre pavillon national à l'honneur. Rien de pareil pour la visite des escadres anglaise ou autrichienne, qui passait inaperçue de la population.

Surtout, en apprenant aux enfants le français, ils les rendent accessibles à la pénétration des idées françaises : c'est en quelque sorte une clef qu'ils leur mettent dans la main. Service d'autant plus précieux rendu à la France, que c'est pour ainsi dire la seule voie par où s'exerce notre action nationale dans des pays où les Allemands ont établi leur domination économique avec une incontestable supériorité. Malgré la puissance des moyens qu'ils mettaient en œuvre, ils n'empêchaient pas que dans toutes leurs entreprises leurs employés parlaient français et étaient par cela même des clients désignés pour la France;

eux-mêmes se voyaient dans l'obligation de parler français.

Comme les autres Ordres catholiques, les Lazaristes n'ont pas à se louer du gouvernement grec, qui ne leur montre aucune bienveillance.

CHAPITRE III

27 octobre. — Départ de Salonique hier soir à
7 heures pour la gare militaire, située sur la
route de Monastir. A la sortie de la ville on trouve,
au-dessus d'un ruisseau, un pont de bois en si
mauvais état que les automobiles ne peuvent pas
se risquer dessus et doivent passer à gué; une
d'elles reste enfoncée dans la vase. Mauvaise impression : quels chemins nous réserve l'intérieur
du pays, s'ils sont aussi mal entretenus à la porte
de la capitale ?

A 6 heures du matin, arrivée à Krivolak, en
Macédoine devenue serbe depuis 1913. La gare est
presque au bord du Vardar, et les champs qui l'en
séparent sont en partie inondés. Nous retrouvons
avec plaisir le général Quais et les camarades de
la 114ᵉ brigade, qui nous ont quittés en Alsace il y

a un mois. Ils sont ici depuis huit jours. Les Serbes, pressés du côté de Velès, leur ont déjà demandé du secours ; les Bulgares descendent vers le fleuve, venant du nord. Il faut avant tout mettre la gare à l'abri d'un coup de main et du bombardement.

Sans perdre un instant, le général monte sur la hauteur voisine, afin de prendre du pays une vue d'ensemble. Le temps est doux ; le soleil brille faiblement dans un ciel embrumé ; un grand vent du sud-est nous étourdit de ses rafales. Moment de joie et d'émotion : nous disposons de l'espace ; nous allons enfin faire une guerre qui ne sera plus la guerre de tranchées, combiner des mouvements, manœuvrer l'ennemi.

Voici le terrain où vont s'engager les opérations. Des montagnes cahotiques et chauves, telles que celles dont Gustave Doré illustra les paysages infernaux, lui donnent un aspect sévère. Au premier plan, l'une d'elles, qui se dresse à 400 mètres au-dessus de la vallée, barre la vue du côté du nord. C'est le point essentiel du paysage, celui qui attire tout d'abord le regard et le retient. Nous la baptisons Kara Hodzali, du nom du village le plus proche. Elle se présente comme une croupe allongée, dont la crête dénudée se relève sur la gauche en un piton de forme pyramidale. La route d'Istip en gravit les premiers contreforts. Sur le versant regardant le fleuve, des marnes bleuâtres, des argiles rouges et jaunes, ravinées et rongées par les eaux, forment des éboulis impraticables. A droite, elle se raccorde par des collines mamelonnées avec un plateau qui de loin semble tout uni, mais est découpé par des ravins profonds, présentement sans eau. On ne voit pas un arbre en dehors des cimes de saules et de peupliers qui émergent de quelques fonds. En pleine crue, le Vardar, « l'Axios au large cours, dont l'eau est la plus belle du monde », roule aujourd'hui au ras de ses berges ses flots jaunes et terreux. Il forme en cet endroit une grande boucle, profonde de 3 kilomètres, dont la convexité est tournée vers l'est. La gare est sur la branche sud. La branche nord longe le pied du Kara Hodzali; on y voit les piles à demi démolies et le tablier effondré du pont sur lequel la route d'Istip franchissait le fleuve.

La montagne de Kara Hodzali domine à portée de canon la presqu'île comprise dans la boucle du Vardar et le plateau de la rive gauche. Que l'ennemi s'y installe, et la gare devient intenable; non seulement tout débarquement de troupes nouvelles est rendu impossible, mais celles déjà débarquées ne peuvent plus être ravitaillées. Son occupation s'impose donc.

Mais l'entreprise est grosse de risques : la troupe qui l'exécutera se trouvera presque entièrement séparée du reste de la brigade. Grossi par les pluies récentes, le Vardar a 120 mètres de large; son courant est aussi rapide que celui du

Rhône à Lyon. Pas de pont; nous n'avons aucun matériel pour réparer celui de la route d'Istip. Le seul moyen de passage entre la gare et Pepeliste, le village qui lui fait face sur l'autre rive, consiste en deux bacs, menés par des Turcs. Avant chaque traversée, ils halent le bateau à 300 mètres en amont, puis le laissent aller. Dès qu'il est pris par le courant, ils se mettent à ramer tous du même côté, pour le maintenir à peu près en travers, et atteignent ainsi l'autre bord, en dérivant de plusieurs centaines de mètres, à moins qu'un coup de vent ou un remous ne les ramène à la rive de départ. Dans le cas le plus favorable, avec la manœuvre de halage, chaque traversée, aller et retour, demande quarante-cinq minutes. Sur chaque bac peuvent prendre place à la fois une vingtaine d'hommes, ou quatre mulets chargés. Il y en a deux.

On voit donc quelles difficultés seront à surmonter pour le passage des troupes, leur renforcement, leur ravitaillement. Mais il n'y a pas à hésiter, d'autant plus que l'ennemi est signalé à proximité.

Hier déjà, le 244ᵉ a fait reconnaître l'accès de la montagne. Le général ordonne d'envoyer sur-le-champ une compagnie qui en occupera le sommet. Le mouvement est urgent : on aperçoit sur les crêtes des cavaliers, dont les silhouettes se profilent sur le ciel. Deux heures après notre débarquement, nous voyons l'ennemi! nous n'en espérions pas tant, alors qu'en Alsace nous ne le découvrions jamais que par les pelletées de terre qu'il lançait au-dessus des tranchées.

La compagnie désignée (capitaine de Lachaussée) part de Pepeliste à 11 heures, avec deux sections de mitrailleuses. Une certaine inquiétude flotte dans les rangs : quel sera le premier contact avec les Bulgares qu'on voit rôder là-haut? Quelles embûches ont-ils tendues? Au ravin de Seoba, la colonne reçoit des feux de salve; elle s'arrête, se couche. On découvre qu'ils partent de tranchées datant probablement de la dernière guerre, distantes d'environ 1 800 mètres. L'ennemi manque de sang-froid : en tirant de si loin, il a trahi sa présence, car nous n'avions pas vu les tranchées.

Nous répondons sans résultat. Le capitaine estime qu'à lui seul il ne pourra pas forcer le passage. A 2 heures de l'après-midi, la compagnie est donc arrêtée; elle prend ses dispositions pour garder le terrain qu'elle occupe. Le chef de bataillon, informé, prescrit d'attendre le lendemain pour agir et annonce l'envoi d'une compagnie en renfort. De son côté, le général donne l'ordre de faire appuyer le mouvement demain matin par une batterie.

Les Bulgares sont donc là. Quelle est leur force? Combien seront-ils demain? Amènent-ils de l'artillerie? Nous ne savons rien. Ignorance assez angoissante. Le général télégraphie à Salonique pour demander des avions, qui reconnaîtraient les directions de Velès et d'Istip, par où peut arriver l'ennemi ; il a franchi le Vardar au-dessus de Velès. Le général demande aussi qu'on hâte l'envoi des deux groupes de 75 restés au camp de Zeitenlik ; ils seront notre meilleur élément de résistance en cas d'attaque. Puis il gagne Negotin, où a dû s'installer le Quartier Général.

Je reste à Krivolak pour suivre l'opération et le tenir au courant.

28 octobre. — La nuit venue, l'ennemi ne donne pas signe de vie. Le capitaine décide de le tâter ; il envoie deux patrouilles, qui progressent sans difficulté. L'une d'elles, arrivée à 700 mètres du sommet, demande un renfort, qu'on lui envoie. Le mouvement continue ; à 5 heures du matin, la compagnie entière a atteint le sommet. Les Bulgares se sont retirés sur un piton, à 1 200 mètres au nord. La sécurité de la gare est assurée pour le moment, mais il était temps.

Il s'agit de garder cette position, qu'une si heureuse initiative a mise entre nos mains. On creuse des tranchées ; les hommes n'ont pas besoin d'y être poussés. Une compagnie est envoyée en soutien ; elle s'arrête à mi-pente et couvre le flanc droit, avec l'aide d'une batterie de montagne, qu'on a fait monter aussi. Renforts bien insuffisants. Mais il faut laisser assez de monde à Pepeliste pour empêcher l'ennemi de tourner la montagne par l'est et de s'avancer en plaine de manière à nous rendre impossible le passage du Vardar.

Je vais reconnaître les avant-postes sur la rive gauche En compagnie de quelques mulets de la batterie de montagne, je prends place sur le bac. Il se détache du bord et est emporté par le courant jusqu'au milieu du fleuve. Malgré les efforts des rameurs, un violent coup de vent le rejette sur la rive d'où nous venons, à plusieurs centaines de mètres en aval. Les Turcs halent le bateau pour le ramener à son point de départ; nous repartons et cette fois arrivons de l'autre côté.

Je gagne Pepeliste. Beaucoup de maisons sont démolies depuis la dernière guerre, dont on trouve d'autres traces : tranchées, ossuaires, étuis de cartouches, obus. A côté de la mosquée se dresse le minaret; la colonne est striée de cannelures, qui la font paraître encore plus élancée; une sorte de corbeille assez gracieuse supporte la plate-forme sur laquelle chante le muezzin. Un fantassin du 244ᵉ y est perché en observateur. Les hommes ont pris possession du village et s'y trouvent comme chez eux. Mais la première nuit a été mouvementée, les aboiements des chiens et les cris des femmes faisaient un concert infernal : elles criaient de peur, car personne ne songeait à les toucher. D'ailleurs leurs maîtres les avaient soigneusement mises sous clef. Il y eut des scènes amusantes : des Turcs vinrent demander aux officiers de faire déménager des escouades installées dans une pièce qui commandait celle où les femmes étaient enfermées, parce que celles-ci ne pouvaient plus sortir.

Le commandant Martin, chef des avant-postes, me fait visiter son domaine. La plaine s'étend nue, sans un arbre ni un buisson. Le sol est léger, peu profond, mais paraît fertile, à en juger par la vigueur et la régularité avec laquelle les semailles d'automne ont levé dans les rares champs où elles ont été faites. La bonne volonté de la terre triomphe de la guerre qui, depuis si longtemps, dévaste ce malheureux pays. De grands passages d'alouettes et de petits oiseaux nous rappellent des impressions d'octobre en France. Comme en regardant un paysage on aime à y retrouver les lignes connues et les couleurs familières de ceux de chez soi, nous nous plaisons à constater dans les champs de cette lointaine Macédoine la présence des herbes et des oiseaux de nos campagnes.

Les avant-postes sont établis sur un plateau calcaire, que coupent des ravins profonds et sans eau, aux berges taillées à pic. La surveillance en est difficile ; elle est nécessaire, parce qu'ils permettent à l'ennemi de se rassembler sans être vu à proximité de notre front. Des mitrailleuses bien placées battent les plus dangereux. Partout des tranchées sont déjà creusées ; les hommes y travaillent avec amour. Les champs de tir sont bons. La faiblesse de la position vient de son isolement sur la rive gauche du fleuve : en cas d'attaque, le renforcement ne pourrait être que très lent. Que n'avons-nous ici les équipages de pont qui, au mois d'août 1914, encombraient si malheureusement les routes d'Alsace ! Des bateaux viennent d'être commandés à Salonique. Serons-nous seulement encore là quand ils arriveront ?

Tout est tranquille sur le Kara Hodzali. A la fin de la journée, je rejoins à Negotin le Quartier Général. La route, bien qu'empierrée par endroits, est mauvaise et vient encore d'être endommagée par les eaux, qui l'ont recouverte.

L'état-major s'est installé dans l'école. Les secrétaires sont dans une grande salle, autour de laquelle sont disposées quatre salles plus petites, qui servent de chambres et de bureaux aux officiers, groupés deux par deux. Le commandement de l'artillerie occupe le rez-de-chaussée ; le génie et le service de santé sont dans une maison au fond de la cour ; l'intendance et le service de la trésorerie et des postes ont trouvé un gîte à proximité. Le général loge de l'autre côté de la rue, dans une petite maison où le sous-préfet serbe, qui a renvoyé sa famille, occupe déjà une chambre. Tout est groupé de manière que les relations de service soient aussi faciles que possible. Le téléphone fonctionne, et le groupe électrogène aussi ; il faut avoir vécu et travaillé à la lueur des bougies pour apprécier les facilités et l'agrément que donne en campagne la lumière électrique.

Dans la soirée, premier contact avec les autorités serbes. Le préfet de Kavadar écrit au général que les Grecs ont défendu au chef de gare de Monastir (Bitolia, disent les Serbes) de distribuer des billets pour les stations en territoire grec au delà de Florina, la station frontière. Les Serbes se montrent très émus de cet acte, qu'ils regardent comme inamical ; divers indices leur font croire que la Grèce va les attaquer. Bref, le préfet demande au général quelle serait l'attitude des troupes françaises dans le cas d'une agression grecque contre la Serbie.

Cette lettre provoque une certaine émotion. Le fonctionnaire serbe y exprime si nettement ses inquiétudes, qu'on est porté à les croire fondées, malgré l'invraisemblance. Je me rappelle heureusement avoir lu ces jours-ci dans les journaux de Salonique que les Grecs se plaignaient vivement de l'invasion de leur territoire par les réfugiés serbes, alors qu'ils ont déjà à nourrir plus de 300 000 réfugiés hellènes de Thrace et d'Asie Mineure ; la mesure qui trouble tant nos alliés n'est qu'une précaution prise pour diminuer l'afflux des Serbes en Grèce.

29 octobre. — Nous n'avons pas d'autre carte du pays que la carte autrichienne au 200 000e; elle est peu exacte et donne seulement des indications générales; en tout cas, elle nous rend service pour la dénomination des lieux. Mais beaucoup d'entre nous, accoutumés à ne jamais travailler et manœuvrer que d'après notre excellente carte au 80 000e, se trouvent désorientés; il leur faudra un certain temps pour prendre l'habitude de s'en passer et de voir le terrain directement.

Cette carte au 200 000e a été levée par les Autrichiens pour tous les États balkaniques. En outre, ils étaient en train d'exécuter, pour le compte de la Serbie et du Monténégro, une carte topographique au 75 000e, à la même échelle que celle de l'Autriche-Hongrie. Le guide qu'on nous a distribué pour la région des Balkans est le Bædeker allemand; nous constatons sur place qu'il est très bien fait. Les Autrichiens et les Allemands recherchaient toutes les occasions d'exercer leur emprise sur ces pays; elle était facilitée par la diffusion de la langue allemande, dont l'enseignement était obligatoire dans les écoles serbes. La plupart du temps c'est en allemand que nous nous entretenons avec les officiers serbes auxquels nous avons affaire.

Une reconnaissance aux environs de Negotin me montre un paysage ressemblant à celui que j'ai vu hier sur l'autre rive du Vardar. Le terrain est calcaire, légèrement ferrugineux; le sol paraît très fertile. Pas un arbre, excepté des mûriers aux abords immédiats des villages et quelques bouquets de saules dans le lit des torrents arides. Les habitants emploient comme combustible la bouse de vache, qu'ils font sécher par larges plaques, appliquées contre les murs. Ceux-ci sont construits en torchis ou en briques d'argile crue; seul le soubassement est fait de pierres, empilées presque sans mortier. Comme les tuiles des toits sont passées du rose pâle au gris et au brun, les villages paraissent couleur de terre, et sans les taches claires que piquent quelques maisons blanchies, de loin ils se confondraient avec les champs, aujourd'hui dépouillés. Remarquable phénomène de mimétisme, dit en souriant le général, qui se plaît à cribler de ses pointes le transformisme professé par le camarade serbe en liaison près de nous.

L'aspect du pays est triste, mais il faut tenir compte de la saison. Je grimpe au sommet d'une colline caillouteuse, dont le pain de sucre commande la plaine. Entourée d'un cirque de montagnes, celle-ci apparaît toute damassée de champs bruns et verts; la propriété est très morcelée, à moins qu'elle ne soit que partiellement cultivée. Par endroits, le Vardar se devine au ras des terres, avant de disparaître dans les gorges de Demir Kapu. Quant aux routes, il n'y en a qu'une : celle qui de Krivolak monte à Negotin, puis traverse le plateau de Kavadar pour descendre sur la Cerna et se diriger d'un côté sur Prilep et Monastir, de l'autre sur Gradsko.

Pour le moment elle nous intéresse moins que celles que nous aurions à suivre en cas de retraite. De ce côté, nous n'avons que des pistes à travers champs, non empierrées, comme sont en France les chemins de terre ou de culture. Par le beau temps, elles ne sont pas mauvaises, excepté au passage des bas-fonds marécageux. Dès qu'il pleut, elles doivent devenir impraticables, à en juger par les ornières. Dans le pays, les communications de village à village se font à dos d'animaux de bât; il n'y a pas d'autres voitures que des chars à bœufs. La première chose à faire est donc de construire des routes; toutes les troupes disponibles y seront employées. Reprise d'une vieille tradition française, dont le souvenir est encore très vivant pas bien loin d'ici, en Dalmatie et à Corfou. Au temps où nous gouvernions la moitié de l'Europe, toutes les fois que nous avons occupé un pays pauvre en voies de communication, nous y avons fait de belles routes : c'était le premier souci de nos administrateurs. Nécessité militaire d'abord, et aussi, amour de l'ordre. Elles subsistent aujourd'hui comme trace de notre passage et monument de notre esprit de méthode et d'organisation.

Dans la soirée, nous recevons, par l'intermédiaire du préfet de Kavadar, un appel au secours des Serbes, attaqués à Velès. A noter que cet appel, comme ceux qui ont été les jours précédents adressés au général Quais à Krivolak, est formulé d'une manière imprécise; quelquefois ils ne disent même pas sur quel point doivent être dirigées les troupes réclamées, un bataillon, une batterie, des mitrailleuses.

Le général répond aux Serbes que Velès est trop éloigné et excentrique pour qu'une division, immobilisée aux trois quarts par la défense d'une ligne de 30 kilomètres, puisse venir les aider. D'autant plus qu'il lui manque les deux tiers de son artillerie, une de ses deux compagnies du génie, ses sections de munitions, son parc du génie, encore à Salonique.

30 octobre. — A minuit arrive la nouvelle que les Serbes ont évacué Velès; ils se retirent sur Prilep. Le général leur fait dire que tout ce qu'il peut c'est empêcher que leur droite ne soit tournée et que Prilep ne soit pris derrière eux, mais il est incapable de les aider directement, la direction de retraite suivie par le détachement du Vardar étant aussi excentrique par rapport à nos forces que l'était celle de Velès.

Nous ne comprenons pas qu'ils ne se soient pas repliés sur nous au lieu de descendre vers le sud, où ils seront fatalement acculés à la frontière grecque ou rejetés en Albanie. En s'établissant en tête de pont sur les hauteurs qui dominent la vallée de la Cerna, ils gardaient la possibilité de se joindre à nous et nous facilitaient le débouché. Mais ils n'ont aucune idée de manœuvre et songent seulement à couvrir Prilep et Monastir.

Notre situation est maintenant bien nette : nous avons les Bulgares devant nous et à notre gauche comme ils étaient déjà à notre droite. Nous sommes séparés d'eux par la Cerna, rivière rapide au cours torrentiel ; elle se jette dans le Vardar près de Gradsko, à 18 kilomètres de Krivolak. Deux ponts la franchissent : à Gradsko, le pont métallique du chemin de fer ; à Vozarci, à 20 kilomètres en amont sur la route venant de Kavadar, qui bifurque vers Prilep au sud et Gradsko au nord, un long pont de bois en mauvais état.

Chacun de ces ponts va être gardé par un de nos régiments : celui de Vozarci, par le 235°; celui de Gradsko, par le 371°; son gros sera avec une batterie à Koru Palikura où, sur une hauteur dominant le confluent, s'élèvent les vastes bâtiments d'une ferme qui appartient à un Allemand ; établissement si important, qu'il est mentionné dans le Bædeker. Aux Dardanelles nous avions trouvé aussi une ferme allemande à Seddul Bahr. En face de Koru Palikura, sur l'autre rive de la Cerna, les ruines de Stobi, une des six colonies romaines, à la fois forteresse et centre de colonisation, par lesquelles les Romains tenaient la

Macédoine conquise. Son emplacement, qui commande le confluent et le croisement des routes, montre toute l'importance de cette position.

Il est probable que les Bulgares ne nous attaqueront pas tout de suite avec des forces importantes; ils sont plus pressés de suivre les Serbes sur Prilep et Monastir, but politique de leur campagne, puisque ce qu'ils veulent, c'est occuper la Macédoine. Ils prendront la route de Velès à Prilep par Izvor; c'est par là qu'en octobre 1912 l'armée turque battit en retraite d'Uskub sur Monastir; des combats acharnés furent livrés dans les cols voisins de Prilep. Faute de pouvoir employer la route qui longe la Cerna de Gradsko à Drenovo, qui est sous le canon de la rive droite, ils chercheront à pousser de petites colonnes sur le chemin à flanc de coteau qui passe par Cicevo, Mrzen et Debrista. Ils pourront ainsi arriver à Prilep par l'est. Pour l'instant, nous sommes hors d'état de nous opposer à ce mouvement; d'ailleurs le général en chef nous a interdit de nous aventurer au delà de la Cerna. Notre gauche est donc menacée.

A droite, nous sommes attaqués au Kara Hodzali. Les Bulgares sont certainement vexés de s'être laissés devancer sur cette hauteur, d'où ils auraient mis en échec toutes nos opérations en rendant la gare intenable. Les compagnies du 244ᵉ qui l'occupent depuis deux jours attendaient l'attaque. Aussi les hommes n'ont-ils pas eu besoin d'être poussés pour se retrancher de leur mieux : l'état d'esprit n'est plus celui du début de la guerre, et, surtout en Macédoine, avec un fleuve à dos, tous sentent l'avantage d'une position bien organisée; l'instinct de la sécurité crie plus haut que la paresse.

A 5 h. 30, le bombardement commence; de Negotin nous voyons les éclatements sur la montagne. Bientôt un coup de téléphone annonce que nos tranchées-sont attaquées par l'infanterie. Le général part pour Krivolak; il tient à être à portée du combat pour recevoir plus vite les renseignements et hâter lui-même l'envoi des renforts, car un échec sur ce point serait désastreux. Nous apprenons que les Bulgares ont été arrêtés par une charge à la baïonnette. Mais la lutte est chaude; à 9 h. 30, la batterie de montagne qui soutient l'infanterie a déjà tiré quatre cents coups; deux de ses officiers sont blessés. La difficulté est d'assurer l'arrivée des munitions et des renforts : le 244e n'a qu'un bataillon sur la rive gauche; il faut faire passer le fleuve au deuxième bataillon et à la compagnie de mitrailleuses de brigade. Le courant est toujours aussi rapide : un caporal et trois sapeurs se sont noyés cette nuit.

Vers midi, la fusillade se ralentit. Peu à peu nous recevons des renseignements sur ce qui s'est passé. Au cours de la nuit, les Bulgares, profitant

de l'obscurité et des broussailles, se sont approchés sans être vus à 150 mètres de notre tranchée
la plus avancée. A 5 heures du matin, toute la
ligne ennemie, cherchant à déborder cette tranchée à droite et à gauche, se lance à l'assaut à la
baïonnette. Nous tenons ferme et obligeons à
reculer les assaillants, qui reviennent à leur
point de départ. Ils ont appuyé cette attaque par
de l'artillerie de montagne, qui a semblé exécuter
un tir de barrage en arrière de notre première
ligne. Ce tir fusant, mal réglé en portée et en hauteur, ne nous a fait presque aucun mal.

De 6 heures à 9 heures, les Bulgares poussent
de nouvelles charges, avec clairons et fifres; elles
ont le même sort que la première. Quelques-uns
lèvent les bras en l'air, comme s'ils voulaient se
rendre, probablement pour faire sortir nos soldats de la tranchée. D'autres crient en français :
« Rendez-vous! » Ils ignorent le vieux dicton comtois, dont le régiment pourrait faire sa devise, car
il est tout entier recruté en Franche-Comté :
« Rends-toi, Comtois. — Nenni, ma foi. » Les
hommes répondent : « Viens-y si tu peux », et les
reçoivent à coups de fusil et de mitrailleuse. De
petits détachements s'étaient portés sur les flancs
de la compagnie; les éléments d'aile ont dû faire
face en arrière pour fusiller des isolés, qui s'étaient
glissés jusque sur leurs derrières. Chaque fois
que les Bulgares se présentent, ce n'est qu'un cri :

« Les voilà! » La tranchée se garnit de fusils; quelques hommes vont jusqu'à monter sur le parapet pour faire le coup de feu. Tous rivalisent de bravoure, de sang-froid, d'endurance : ils s'étaient aguerris en Alsace et dans les Vosges et avaient fait le Linge et l'Hartmannsweilerkopf, où ils avaient passé cet été soixante-seize jours consécutifs. Ils y avaient moins souffert, dirent-ils, que sur cette montagne, où ils demeurèrent plus de vingt-quatre heures sans une goutte d'eau à boire.

L'infanterie bulgare fut mal soutenue par son artillerie; la nôtre reçut du canon l'appui le plus efficace : nos fantassins eurent le plaisir de voir le 75 taper dans un ravin où s'était entassée une colonne, que la batterie de montagne empêchait de déboucher. Celle-ci tira sept cents coups dans la journée.

Le ravitaillement s'était donc fait dans de bonnes conditions, malgré les difficultés; le renforcement aussi. Dès 7 heures du matin, sur la demande du capitaine commandant la compagnie engagée, celle qui se trouvait à mi-côte pour assurer la liaison avec Pepeliste lui envoyait deux sections; placées en arrière, à droite et à gauche, elles assurèrent dès ce moment la sécurité des flancs. A 16 heures, quatre compagnies étaient sur la montagne. On tiraillait toute la journée.

Les Bulgares s'étaient montrés très mordants;

ils se faisaient tuer comme s'ils n'avaient pas conscience du danger. Nous sûmes depuis qu'ils avaient été vivement impressionnés par le feu de nos mitrailleuses et de nos canons. Des cavaliers bulgares, venus patrouiller à Voysan, dirent aux habitants : « Notre infanterie n'a rien pu faire contre la bravoure extraordinaire des Français. »

31 octobre. — Nous apprenons la chute du ministère et l'avènement d'hommes qu'on dit être animés d'un esprit nouveau. Les uns veulent voir dans ce changement un blâme de la manière dont furent conduites les dernières opérations, et aussi l'annonce d'une plus grande importance attachée à l'expédition de Serbie, qui se traduira par l'envoi des renforts indispensables; ils accueillent la nouvelle avec une joie débordante. Chez les autres, elle provoque des réflexions sur l'infériorité que nous donne le régime parlementaire en face d'un ennemi doté d'un gouvernement fort qui reste le même et peut ainsi réparer sans bruit ses fautes et ses erreurs. L'équipe en fonctions avait au moins l'avantage de connaître la situation.

Le commandant des troupes serbes de Monastir nous transmet un télégramme du Grand Quartier Général serbe énumérant à ses troupes, pour les encourager dans leurs efforts surhumains, les secours que leur envoient les Alliés; mais il mêle l'erreur à la vérité en annonçant l'embarquement,

le 24 octobre, de trois nouvelles divisions françaises à destination de Salonique et le transport
par les Russes de cinq corps d'armée dans la
Bessarabie méridionale, pour agir contre la Bulgarie par la Dobroudja.

Comment les Serbes sont-ils aussi mal renseignés à notre sujet, et qui a pu les tromper de
la sorte sur l'intervention des Russes?

Toussaint. — Nous n'avons pas eu à Negotin de
messe solennelle. Le colonel Thomassin (1), parlant d'autant plus librement qu'il est protestant et
plaidait, non pas pour lui, mais pour les hommes
de son régiment qui comprend, comme tous les
régiments français, une immense majorité de
catholiques, en a demandé l'autorisation au général
et se l'est vu refuser. En vain il a rappelé le succès
qu'avaient eu l'an dernier en Alsace les belles
cérémonies célébrées pour la Toussaint et le Jour
des Morts; il a invoqué le devoir qui s'impose aux
chefs d'employer tous les moyens capables de
remonter le moral de leur troupe, et fait valoir
l'excellence de celui-là. Il est certain que les
hommes souffrent de se sentir si loin de chez eux;
une idée qui leur est très pénible est que, s'ils

____

(1) Chef d'une très haute valeur morale, mort en février 1916
dans le torpillage de la *Provence*. Il pouvait se sauver. Il a
estimé que son grade lui faisait un devoir de rester sur la passerelle à côté du commandant.

sont tués, leur corps restera en terre étrangère et ne reposera pas au pays. Sentiment vieux comme le monde : « Non, je ne me flattais plus de mourir dans cette ville et d'y jouir de ma tombe », s'écrie en arrivant à Argos le héraut envoyé par Agamemnon après la prise de Troie.

Il y eut donc seulement des messes basses, dites avant l'heure du travail par des prêtres soldats.

J'ai assisté à celle du bataillon Bourelle. Le camp est établi au-dessus de Negotin, sur une hauteur d'où l'on découvre le plateau jusqu'aux grandes montagnes qui barrent la vue du côté du nord-est. J'y suis monté avant le jour; heureusement la lune donnait une pâle et secourable clarté qui projetait des ombres indécises et permettait d'éviter les fondrières et les décombres des maisons ruinées.

L'autel est dressé sur la table du chef de bataillon, devant sa tente, face à l'orient. Debout au bord du plateau, deux soldats se profilent sur le ciel, qui commence à blanchir; ils causent à voix basse, l'air grave; l'un d'eux lève la main et trace le signe de l'absolution. Un grand silence règne; le camp est à peine réveillé; il n'y a que quelques assistants quand le prêtre arrive à l'autel. Mais bientôt on vit les soldats se glisser hors de leurs tentes et venir de tous les côtés; plusieurs communièrent. Cette messe en plein air, dans ce cadre admirable, et si loin de la France fut émouvante

en sa simplicité; l'attitude de tous disait à quel
point ils étaient des chrétiens convaincus, et en
cette fête de la Communion des saints se sen-
taient, par delà le temps et l'espace, en union
intime avec tous les leurs, morts et vivants.

Cependant le lever du jour a déroulé ses phases
accoutumées. Du côté de l'orient, le ciel est passé
du rouge vif aux jaunes les plus brillants et les
plus délicats; les cimes se sont éclairées à mesure
que les touchaient les rayons du soleil encore au-
dessous de l'horizon. Quand il a dépassé, éblouis-
sant, la crête des monts, tout le plateau est apparu
avec un relief merveilleux, les parties hautes étant
dans la lumière, tandis que les fonds baignaient
dans l'ombre.

Dans la nuit nous avons reçu du colonel Vassitch, commandant les troupes de Monastir, un
télégramme désespéré : « L'ennemi, dit-il, a tourné
à droite et à gauche le défilé de Babuna; l'attaque
est attendue ce matin. Si vous ne nous prêtez pas
une aide réelle, et n'envoyez au moins un bataillon
et une batterie de montagne pour défendre la position à l'ouest de Mrzen, nous perdons aujour-
d'hui même Prisat. Cette perte entraînera celle de
toute la Macédoine sur la rive droite de la Babuna;
le détachement est exposé à être fait prisonnier;
la liaison avec l'armée française coupée. Répondez
aussitôt. »

Que faire? Le général en chef, avec raison, ne

veut pas que nous portions des détachements au
secours des Serbes : par leurs appels de détresse,
ceux-ci nous feraient disperser toutes nos forces
sans aucune chance de les arracher à leur malheureux sort. Rien n'empêchera désormais les Bulgares d'occuper la Macédoine, pour laquelle ils font
la guerre. Mais il est pénible et quelque peu humi-
liant d'assister l'arme au bras à cet envahissement.

Il aurait fallu devancer l'ennemi à Velès, qui
est la porte de tout le pays au sud du Vardar :
c'est là que franchissent le fleuve les routes qui de
Nisch et de Sofia descendant sur Prilep et Monastir ; c'est aussi un centre où convergent les chemins venant de la Bulgarie, l'un par la vallée de
la Strumiça, l'autre par celle de la Bregalniça et le
col de Lukov. Dès qu'il fut question de l'intervention des Alliés en Serbie, le général Putnik a demandé que le corps français fût transporté à
Uskub. Mais nous ne pouvions pas allonger jusque-
là notre ligne de communication. Nos effectifs
sont déjà trop faibles pour nous permettre de garder le front depuis la Cerna jusqu'à la station de
Strumiça. Quant à la coopération des Anglais, elle
ne se fait encore sentir que faiblement. On dit qu'ils
sont venus en Macédoine malgré eux et ne sont
pas subordonnés au général Sarrail ; celui-ci n'a
pas d'ordres à leur donner, il ne peut que les prier,
et c'est seulement par son ascendant personnel

qu'il arrive à en obtenir quelque chose. Ils vont
opérer à notre droite.

2 novembre. — A midi, nouveau télégramme du
colonel Vassitch : « Nous défendons Mukos désespérément. Nous n'avons plus de munitions d'artillerie. Envoyez-nous par automobiles, par la route
Kavadar, Prilep, Mukos, une batterie de montagne
et dix mitrailleuses avec pointeurs. Faute de recevoir ce soutien dans quelques heures, nous perdons Prilep et Monastir. »
Le général ne peut que transmettre à Salonique
cette demande d'un accent si tragique. Dans la soirée, elle nous est renouvelée d'une manière encore
plus pressante. Le docteur Vladimir Baykitch, directeur de l'École de commerce de Monastir, et
M. de Berne-Lagarde, vice-consul de France en
cette ville, arrivent de Monastir à Negotin en automobile ; ils sont passés sans encombre ; la route est
donc encore libre entre Prilep et Kavadar. Avec
une chaleur et une énergie admirables, sur un ton
dont la gravité nous émeut profondément, le docteur nous presse d'envoyer du secours à ses compatriotes, dont il nous vante l'héroïsme. Mais ils
sont meilleurs pour se faire tuer dans l'attaque
que pour tenir sur la défensive ; si on ne les aide
pas, ils seront bientôt acculés à la reddition ou au
passage en Albanie. « Envoyez-nous des canons,
des mitrailleuses, nous dit-il ; donnerions-nous

tout l'argent des banques de Monastir, nous ne pouvons pas nous en procurer, puisque nous sommes coupés du reste du pays. »

Il nourrit à l'égard des Grecs les mêmes soupçons que le préfet de Monastir nous avait déjà exprimés : ils seraient disposés à s'accorder avec les Bulgares, avec lesquels ils auraient une entente pour échanger Monastir contre Cavalla. Ce bruit concorde avec ce que j'ai déjà entendu dire, que même les Grecs partisans les plus déterminés des annexions regrettent l'extension de la Grèce dans la région de Cavalla, tandis qu'ils revendiquent Monastir comme une terre hellène.

Les débarquements de troupes et de matériel continuent dans la gare de Krivolak. Le rendement de la ligne à une voie est bien faible, et on ne songe pas sans inquiétude à la possibilité d'un accident venant interrompre le trafic. Le troisième groupe de 75 est arrivé aujourd'hui ; notre artillerie est donc au complet. Mais nous n'avons pas encore reçu nos convois administratifs, pourtant indispensables pour le ravitaillement. Nous n'avons pas non plus d'artillerie de gros calibre. Le général demande une batterie de 120.

Nous sommes sans recours contre l'insuffisance des moyens matériels. Mais quelles ressources ne trouvons-nous pas dans nos hommes, admirables de dévouement et de valeur professionnelle ! A 7 heures du soir, le sergent télégraphiste vient

rendre compte que toutes les lignes sont posées
et fonctionnent. La communication optique est
établie entre le sommet du Kara Hodzali et la rive
droite du Vardar. Nous sommes donc certains de
rester toujours en liaison avec le régimeut qui est
là-haut. Le sergent me demande si ses sapeurs doivent veiller toute la nuit auprès de leurs projecteurs
pour assurer les transmissions. « Sont-ils très fatigués? — Oh! oui, mon capitaine; ils ont travaillé toute la journée et fait l'ascension de la
montagne, qui est dure. Mais s'il le faut, ils veille-
ront. »

CHAPITRE IV

3 novembre. — Au petit jour, le Kara Hodzali est bombardé ; le général part pour Krivolak. L'attaque que l'ennemi prononce sur nos tranchées est facilement repoussée.

Nous trouvons à la gare un officier de liaison de l'armée, qui nous apporte les instructions du général en chef. Ce n'est plus la défensive pure, comme il nous avait été dit le 24 octobre ; on passera à l'offensive dès que sera arrivée la 122e division, dont le transport en chemin de fer va commencer.

Deux directions se présentent pour cette offensive : celle d'Istip, sur la rive gauche du Vardar, qui nous mène sur les derrières des Bulgares, en marche de Velès sur Prilep ; et celle de Prilep, sur la rive gauche de la Cerna, qui nous conduit dans leur flanc. C'est cette seconde direction qui est

adoptée : la 122ᵉ division va être concentrée dans
la vallée inférieure de la Cerna; la 57ᵉ occupera
les hauteurs de la rive gauche à Mrzen et Arkangel, pour assurer son débouché; elle doit aussi
attaquer en flanc les Bulgares qui n'ont, paraît-il,
sur la route de Velès à Prilep, que deux régiments
d'infanterie et un régiment de cavalerie. La première brigade de l'autre division commencera à
débarquer demain à Krivolak; elle portera sur la
Cerna trois bataillons à Palikura, tenant le pont
de Gradsko; trois à Kavadar et à Vozarci, tenant
les passages du Rajec. Elle sera prête ainsi à soutenir et à recueillir en cas d'échec nos régiments
qui doivent opérer sur les hauteurs de la rive
gauche.

Quelles que soient les difficultés que nous pouvons rencontrer, il faut marcher et faire quelque
chose : tel est l'ordre formel du général en chef.
Mais le secours que nous apporterons ainsi aux
Serbes sera moral plutôt que matériel; il ne saurait avoir qu'une efficacité limitée, la faiblesse de
nos effectifs nous empêchant de nous engager à
fond.

Les difficultés sont certaines. Si la position que
nous occupons de Vozarci à Demir Kapu est assez
forte, grâce à la protection qu'elle tire des deux
cours d'eau qui en marquent le front, elle présente
les inconvénients de son étendue, qui n'est pas
moindre que 50 kilomètres. Le général calcule

que la garde du Kara Hodzali, du défilé de Demir Kapu, des ponts exige neuf bataillons, huit batteries de 75, deux batteries de montagne. Ce n'est pas exagéré. Il ne reste donc disponible pour les opérations que trois bataillons et trois batteries. Il est vrai que quatre bataillons seront récupérés quand la 122ᵉ division nous aura relevés sur la Cerna. Mais le général semble ne pas avoir envie de mélanger ainsi les deux divisions. Il a raison, car il n'y a rien de pire que le mélange des unités, qui engendre toujours des difficultés de commandement, des rivalités et des froissements.

Les Grecs, paraît-il, sont mal disposés pour nous et cherchent toutes les occasions de nous créer des ennuis. On a fait courir à Athènes et à Salonique le bruit que si le roi Constantin venait à Salonique, il serait reçu par les généraux commandant les troupes alliées. C'est un bruit tendancieux lancé pour nuire aux Alliés dans l'esprit des Grecs, en faisant croire à ceux-ci que Français et Anglais se regardent comme les maîtres à Salonique. Le général en chef a démenti la rumeur auprès de notre ministre à Athènes ; il a ajouté qu'il se rendrait volontiers, à titre privé et officieux, chez les généraux commandant les troupes grecques. En effet, il s'est fait inscrire à ce titre chez le Diadoque, qui est présentement à Salonique. Le renouvellement constant d'incidents analogues montre à quel point la situation est difficile en Grèce, et quelle habileté il faut pour s'en tirer.

Les relations avec les Serbes sont aussi assez délicates, et le général en chef a fort à faire pour se soustraire à leurs suggestions. S'il les avait écoutées, il y a longtemps que ses troupes seraient dispersées de tous les côtés et auraient été entraînées dans la débâcle. D'ailleurs ils ne peuvent pas le rendre responsable de l'attitude que lui imposent les conditions où il a été placé, par suite d'une intervention décidée trop tard et faite avec des moyens insuffisants.

Après le dîner, longue conférence avec le préfet de Kavadar, que le général a convoqué pour avoir des renseignements sur l'état des routes entre Velès et Prilep; il n'en sort rien de précis.

5 novembre. — Le bombardement du Kara Hodzali continue, assez violent; mais la plupart des coups tombent en arrière des tranchées. De grosses gerbes de fumée panachent la crête; elles ne rappellent que de bien loin les avalanches de projectiles que nous voyions cet été s'abattre sur l'Hartmannsweilerkopf, qui le faisaient paraître comme un volcan en éruption. Il y manque aussi ces troncs déchiquetés, aux branches arrachées, qui se dressaient comme des moignons et donnaient au glorieux sommet un aspect si tragique.

C'est aujourd'hui qu'a commencé la relève du 244° par le 372°. Voilà dix jours que ce brave régiment occupe la position; après les fortes attaques du 30, le général avait déjà voulu le relever; il avait refusé. Depuis, il a été attaqué le 3, et hier encore. Les assauts sont poussés vigoureusement par l'ennemi, qui s'avance à quelques mètres des tranchées. Mais nos soldats l'arrêtent facilement par leurs feux, car le tir de l'artillerie ne les éprouve guère dans les bons abris en galerie de mine qu'ils se sont creusés. Néanmoins, la situation est dure là-haut, à cause des difficultés du ravitaillement.

Les Serbes tiennent toujours au nord de Prilep. Leurs troupes paraissent de valeur très inégale : affaire d'encadrement. Il y a trois jours, le 235° a vu arriver au pont de Vozarci une compagnie serbe traînant avec elle deux canons de 80. Elle occupait Mrzen et en est partie avant d'avoir perdu un homme, parce qu'elle se voyait attaquée par des forces supérieures, et « que la lutte aurait été inégale ». Le fait, signalé sur-le-champ au colonel Vassitch, à Monastir, a provoqué de sa part un ordre de blâme très dur à l'adresse des officiers qui s'étaient rendus coupables de cette faute. Il leur ordonne d'aller réoccuper la position lâchée et leur dit que leur faute ne sera atténuée qu'à la condition de réussir dans cette tâche.

Nous voyons passer à Negotin les régiments de
la 243ᵉ brigade, qui ont débarqué à Krivolak; ils
se portent sur la Cerna par Kavadar. Ils ont l'ordre
de traverser la rivière quand nous prendrons nous-
mêmes l'offensive, dans la direction générale de
Podles, qui nous est indiquée; ils seront ainsi en
mesure d'appuyer directement notre mouvement
et de préparer l'entrée en action du gros de leur
division, qui doit aussi se porter en avant. Si
la tâche de-chacune n'est pas mieux définie, il y
aura mélange des unités et conflit dans le commandement. Il ne s'agit pas seulement de marcher sur Prilep, mais aussi de garder les ponts
de la Cerna, le défilé de Demir Kapu et le Kara
Hodzali.

En attendant, nous prenons pied de l'autre côté
de la Cerna. A gauche, le 242ᵉ occupe Debrista,
Kamendol, Mrzen. A droite, le 371ᵉ, qui a un bataillon au pont de Gradsko, envoie le second occuper
le piton isolé qui se trouve à deux kilomètres à
l'ouest de la gare.

6 novembre. — Dans la nuit, ce bataillon a fait
reconnaître le monastère d'Arkangel, sur les hauteurs dominant la rive gauche de la rivière. Il
l'a trouvé occupé par l'ennemi, ainsi que les
croupes à droite. Évidemment les Bulgares, qui
sentent venir notre mouvement, se couvrent de
ce côté, pour ne pas être arrêtés dans la pour-

suite de leur objectif essentiel, Prilep, puis Monastir.

La journée se passe sans autre incident qu'une petite attaque prononcée par eux contre le piton de Gradsko et facilement repoussée. Le bataillon du 371ᵉ qui garde la tête de pont a été relevé par des éléments de la 243ᵉ brigade et se porte en soutien de celui qui est en avant. Le régiment doit attaquer demain la position du monastère avec l'appui d'une batterie de 75, qui est passée sur la rive gauche. Deux escadrons de chasseurs d'Afrique le couvriront vers le nord, dans la direction de Velès et d'Huzoran.

Un fait nous frappe tous : la ressemblance de ces opérations avec la guerre telle qu'elle nous a été enseignée. Il ne s'agit pas seulement du retour à la guerre de mouvement après treize mois de tranchées; nous voyons les patrouilles se tâter, le contact se prendre peu à peu, les engagements se faire sous la protection de l'avant-garde, chose qu'on ne pratiquait plus depuis longtemps; on garde ses flancs, on manœuvre. Mais il n'y a plus d'armée, ni même de corps d'armée; on opère par régiment, par bataillon, par compagnie : on dirait des manœuvres de garnison.

Une autre analogie s'impose à l'esprit : le retour à la guerre du temps de Napoléon. Dans ce pays où les routes et les ponts sont si rares, où les

ravins rendent la circulation à travers champs
presque impossible, les quelques chemins praticables aux voitures reprennent l'importance qu'ils
avaient jadis. Nous songeons à la guerre d'Espagne : même âpreté dans le relief du sol, même
climat extrême, même nécessité de garder ses
communications,-les comitadjis, au dire d'un officier qui a fait partie de la gendarmerie macédonienne, nous menaçant toujours et valant bien les
guérillas (1).

7 novembre. — Journée calme sur le front. Le
371ᵉ commence à midi l'attaque du monastère ; à
la nuit, le bataillon de tête est déployé devant les
tranchées bulgares au pied des hauteurs. L'attaque
doit reprendre demain au jour, pour que la batterie de 75 puisse l'appuyer d'une manière efficace.

A la suite d'un premier incident, montrant que
l'entente pour une action commune s'établira difficilement entre les régiments des deux divisions, le
général décide que l'action au delà de Gradsko
sera menée par la 243ᵉ brigade : heureuse décision qui mettra fin à l'enchevêtrement des troupes. Mais comme elle ne pourra être exécutée

---

(1) En fait, il n'y eut jamais, dans cette première campagne
de Macédoine, le moindre acte de malveillance commis contre
des isolés ; et sans les bandes serbes à notre service, qui nous
en ont donné une juste idée, nous ne saurions pas ce que c'est
qu'un comitadji.

que lorsque le 371ᵉ aura terminé l'opération commencée, en attendant, le mal subsiste. Si les Bulgares ont le moyen d'organiser leur position et de se renforcer pour prendre eux-mêmes l'offensive, nous risquons de nous trouver en mauvaise posture.

Un incident tragi-comique vient nous distraire de ces préoccupations. On nous amène de Demir Kapu sous bonne escorte un individu vêtu d'un costume bizarre : une jupe de femme sans caleçon, un tricot, une veste comme en portent les gens du pays. On l'a pris rôdant autour de la voie ferrée; le chef de bataillon qui l'a fait arrêter le regarde comme très suspect : il avait aux pieds des brodequins français, et dans ses poches des étuis de cartouches françaises; on a même trouvé sur lui une lettre, datée d'un village du Jura, et adressée à un de nos soldats : « Je t'envoie ces quelques lignes pour te demander de tes nouvelles, car nous aimons bien avoir de tes nouvelles; ça nous fait si plaisir quand on en reçoit; tâche de nous écrire souvent; ici on t'écrit très souvent..... »

Cet homme est évidemment un Turc qui a dépouillé nos morts; en tout cas, c'est un espion; il rôdait autour de nos postes; c'est même probablement un comitadji qui a jeté ses armes au moment d'être arrêté. Mais on n'a pas pu en tirer un mot; les interprètes de la brigade l'ont interrogé en serbe et en bulgare, il paraît ne comprendre aucune de ces langues.

Pendant que le sous-officier qui l'a amené nous donne ces renseignements, un rassemblement se forme autour de l'individu à la jupe de femme; on lui trouve une mauvaise figure; ce doit être un de ces Turcs qui achèvent les blessés après les avoir torturés (1). A dire vrai, il a surtout la figure d'un parfait abruti, ou d'un homme profondément déprimé.

On le conduit devant le lieutenant-colonel de gendarmerie qui est attaché à la division pour assurer les relations avec les autorités serbes. Appartenant depuis de longues années à la gendarmerie macédonienne, il connaît toutes les populations balkaniques et parle toutes les langues de l'Orient; il interroge le prisonnier en serbe, en bulgare, en russe, en turc. Peine perdue : l'homme ne répond pas un mot et reste si impassible qu'il semble ne pas entendre.

Le cas est bizarre. On émet l'hypothèse qu'il est peut-être sourd-muet ou idiot. Le lieutenant-colonel, qui a longtemps habité Salonique, lui trouve les caractères ethniques des Juifs saloni-

---

(1) Accusation toute gratuite contre les Turcs, qui, d'après les officiers qui étaient aux Dardanelles, se sont montrés parfaitement respectueux des lois de la guerre et ont bien traité les prisonniers tombés entre leurs mains.

ciens : il a la peau du visage et des mains bien blanche pour être un Turc ; ce serait un israélite espion à la solde des Bulgares. En tout cas, c'est un simulateur. Pour lui délier la langue, on le colle au mur et on fait avancer quatre gendarmes, qui le mettent en joue. Le lieutenant-colonel, qui ne veut pas d'accident, leur a crié : « Êtes-vous bien sûrs que vos armes ne sont pas chargées ? » Le prisonnier ne bronche pas devant les fusils braqués. Personne n'y comprend rien. En tout cas un homme aussi maître de lui est un fanatique très dangereux ; on lui ligote les pieds et les mains. La journée passe sans qu'il se soit départi de son mutisme ; il refuse de manger.

CENSURÉ

Stupeur : le sourd entend, le muet parle. On s'explique qu'il n'ait pas bronché devant le simulacre d'exécution : il avait entendu la recommandation faite aux gendarmes de s'assurer que leurs armes n'étaient pas chargées.

On lui fait raconter son histoire. C'est un mitrailleur du 244ᵉ, qui était au Kara Hodzali. Sa compagnie, dit-il, a été anéantie par le bombardement (1); il s'est affolé et s'est sauvé. Il est arrivé au pied de la montagne, a erré jusqu'au prochain village; dans une maison abandonnée, il a trouvé des vêtements, les loques dont nous le voyons affublé. Pendant trois jours, il a rôdé presque sans dormir; il n'a mangé qu'un pain de maïs que des habitants lui ont donné par pitié. Il n'a pas rejoint sa compagnie parce qu'il avait honte de se montrer à ses camarades avec cette jupe : « J'étais tout brouillé, » dit-il.

Une enquête menée dans son régiment révéla que c'était un malheureux, fils d'alcoolique, et lui-même alcoolique; il buvait chaque fois qu'il avait de l'argent. Il est atteint de la manie ambulatoire; le jour où il a lâché la tran-

(1) Un obus avait tué deux hommes, en avait blessé deux autres, et démoli deux mitrailleuses.

chée, ses camarades avaient remarqué son énervement et sa surexcitation.

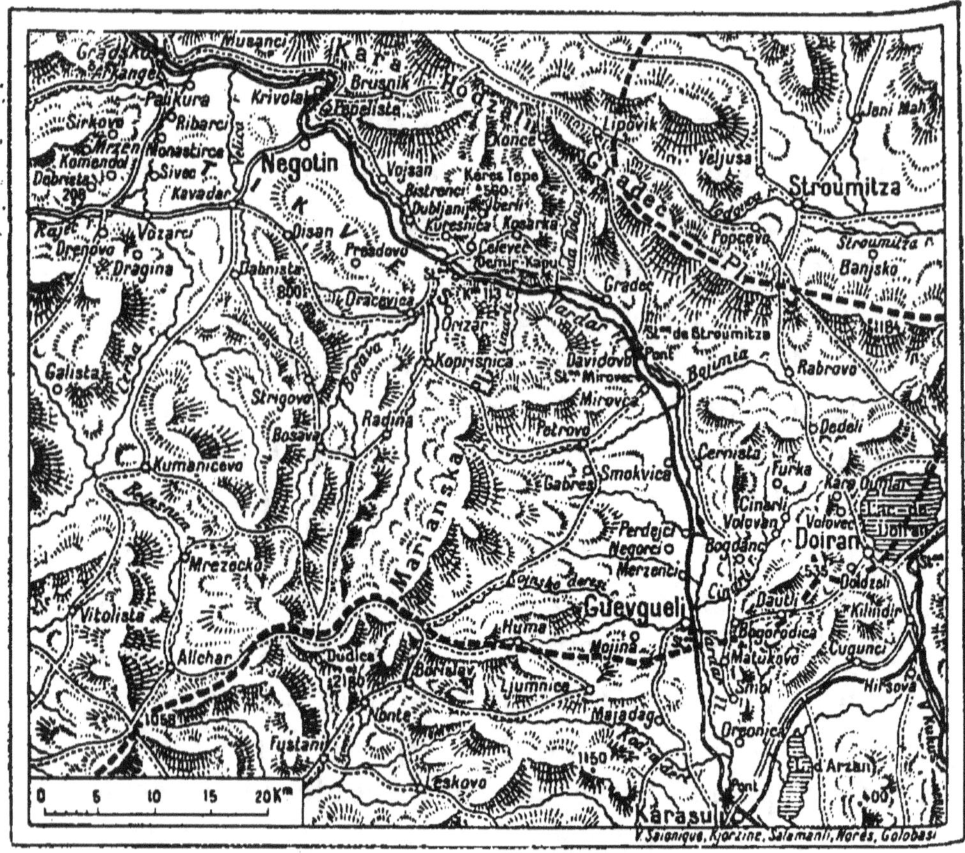

LE BASSIN DU VARDAR MOYEN

POUR L'ITINÉRAIRE DE LA RETRAITE DE LA CERNA A KILINDIR

8 novembre. — Le général en chef est venu ce matin à Krivolak. Il a tenu avec les deux généraux de division une conférence où a été arrêté le plan d'opérations. D'après un arrangement verbal, bien déconcertant pour celui qui devra plus tard établir sur documents d'archives l'historique de cette campagne, les rôles déjà prévus sont inversés : nous passons la main à la 122ᵉ division pour l'offensive au delà de la Cerna, mais deux de nos régiments vont y prendre part avec elle : encore le mélange des unités. Le chef d'état-major, dont l'esprit juste et la droite raison répugnent profondément à tout ce qui est désordre, le déplore et s'en inquiète pour l'avenir.

A l'extrême droite le 371ᵉ est déjà engagé en face des hauteurs d'Arkangel. Dans cette direction on peut aller en automobile jusqu'à la gare de Gradsko, par Kavadar et Vozarci. A Kavadar sont installés les quartiers généraux de la 122ᵉ division et de notre 113ᵉ brigade. C'est une petite ville de 5 000 habitants, presque entièrement turque, capitale du Tikves, pays entre Cerna et Vardar, et résidence de beys propriétaires. Les Serbes en ont fait le siège d'une préfecture.

Depuis Kavadar la descente sur la vallée de la Cerna se fait par une route en lacets, aux pentes assez dures. Sur l'autre versant apparaît une assemblée confuse de montagnes rondes et chauves, comme celles d'un paysage lunaire. Le pont de Vozarci est tout en bois ; il allonge sa charpente au-dessus du large lit de sable et de galets où les eaux s'étalent au moment des crues. En amont, la rivière est resserrée dans des gorges profondes ; en aval, la vallée s'épanouit. Mais avant de la suivre, la route de Gradsko remonte le long du Rajec, qu'elle franchit sur un petit pont jeté à la sortie d'un étroit défilé. Puis elle rejoint le pied des hauteurs de la rive gauche de la Cerna, qui s'élèvent par de brusques escarpements jusqu'à la ligne de faîte, à 1000 et 1200 mètres d'altitude. Sur les premières pentes, dissimulés dans des vallonnements profonds, les villages de Kamendol, Debrista, Mrzcn. En descendant vers le confluent, les hauteurs s'abaissent pour former les longues croupes de Cicevo et du monastère d'Arkangel. Le fond de la vallée est occupé par des prairies. C'est avec joie que je revois des arbres : de beaux ormes, des bouquets de saules et de peupliers ; leur verdure décolorée se marie avec une grâce singulière aux lignes d'un paysage rude et mélancolique, même sous le soleil.

Aucun bruit de combat, mais une grande animation. Le 58e bataillon de chasseurs porte ses compagnies vers Cicevo ; les colonnes de demi-section avancent sur les pentes comme des chenilles noires. A hauteur de Gradsko la route est encombrée par des caissons de munitions et le convoi des chasseurs d'Afrique. Les deux escadrons sont pied à terre et se préparent à bivouaquer ; ils ont été arrêtés par la fusillade du côté de Vinicani, où les Bulgares semblent en force.

Le poste de commandement du lieutenant-colonel Richard est sur le piton en pain de sucre, à

2 kilomètres de la route. J'emprunte un cheval aux chasseurs d'Afrique et le rejoins. Il me montre ses compagnies les plus avancées, arrêtées au pied des pentes couvertes de vignes, au-dessus desquelles se dressent les coupoles du monastère. Leur progression a été brisée par une attaque bulgare débouchant sur la droite; la compagnie qui l'a reçue a perdu ses trois officiers, dont un tué. La liaison avec le bataillon de l'autre division, en arrière de notre droite, s'est établie difficilement; le lieutenant-colonel a échangé avec son chef des notes aigres-douces; aucune camaraderie de combat; c'est déplorable. Au contraire, il se répand en éloges sur l'appui très efficace reçu de la batterie de 75, qui a agi en union intime avec l'infanterie. A gauche, le bataillon de chasseurs ne peut pas commencer ce soir l'attaque sur un terrain inconnu; il ne marchera sur Cicevo que demain matin.

La nuit est venue; à la lueur d'une bougie, je dicte au téléphoniste, mal abrité dans un trou, un message à l'adresse du général, que je veux mettre le plus tôt possible au courant de la situation. Le lieutenant-colonel se croit capable d'enlever la position ennemie; mais, en raison de la fatigue du bataillon de première ligne, engagé depuis trois jours sans interruption et mal ravitaillé, il vaut mieux ne pas reprendre l'attaque demain avant midi; ce délai donnera le temps d'arriver à l'ar-

tillerie de l'autre division, qui ne sera pas de
trop.

9 novembre. — Même à midi l'attaque n'a pas pu
se faire; elle est encore reculée d'un jour; l'opération sera dirigée par la 122ᵉ division.

Journée calme, excepté à droite, où la compagnie, qui avait perdu hier ses officiers, est attaquée à la tombée de la nuit. Les munitions sont
bientôt épuisées, et la baïonnette est mise au
canon pour repousser les assauts. A 2 heures du
matin, nous raconte-t-on, les sections, formées en
colonnes, ont pu rompre le combat. Les pertes
sont très légères.

10 novembre. — A 11 heures, je pars avec le
général pour aller voir le 242ᵉ, qui se trouve à
Kamendol et Mrzen. Au pont de Vozarci, nous
rencontrons le général de Lardemelle, commandant la 122ᵉ division, qui revient de Gradsko. Les
deux généraux échangent leurs idées; ils ne sont
pas d'accord. Le nôtre ne se fait pas d'illusions sur
ce qui nous attend : nous allons être acculés à la
défensive pour peu que les Bulgares se renforcent.
Aussi est-il d'avis d'abandonner Mrzen, dont l'occupation est dangereuse et ne nous donne aucun
avantage.

Son collègue, arrivé depuis deux jours, ne voit
pas les difficultés; il est jeune, plein d'ardeur et

d'une confiance justifiée par les succès qu'il a obtenus sur le front français. Il se croit à la veille de prendre une grande offensive; il tient donc à maintenir l'occupation de ce point d'appui en raison de son intention de progresser sur les hau teurs.

Aucune décision ne sort du débat; le droit au commandement est mal défini, et chacun garde sa manière de voir.

Au pont, nous montons à cheval et allons jusqu'à Kamendol, pauvre hameau en ruines. Là, il faut mettre pied à terre pour grimper au poste de commandement du lieutenant-colònel Borie. Nous le trouvons en pleine montagne : la raideur des pentes justifie bien ce nom, si les altitudes le démentent; pas d'autres chemins que de rares sentiers, où les hommes ne peuvent circuler qu'à la file. Impossible de se faire appuyer par le 75; il faudrait de l'artillerie de montagne et nous n'en avons pas là.

L'ennemi en est bien pourvu; il tient les crêtes, d'où il voit nos positions et les canonne comme il veut. Le lieutenant-colonel nous montre un sommet en forme de trapèze, qui domine le moutonnement des cimes environnantes; les Bulgares l'occupent et c'est de là qu'ils descendront pour nous attaquer dès qu'ils seront en force. La situation du régiment est risquée; le général s'en rend bien compte et insiste auprès du chef de corps pour qu'il se retire à temps et ne se laisse pas entourer. Sur ce point de la ligne, nous sommes en état d'infériorité ; il eût mieux valu ne pas s'avancer que d'être obligés de céder à la première pression de l'ennemi.

Ce genre de guerre ne plaît pas aux soldats : ils sont désorientés, n'aiment pas à se voir dispersés par sections, comme c'est nécessaire dans ce terrain très coupé ; ils craignent les mouvements enveloppants des Bulgares, qui excellent à se glisser dans les ravins et à tomber par surprise sur nos postes. C'est à Mrzen qu'ils ont rencontré l'ennemi pour la première fois. Je leur demande quelle a été leur impression : « On n'a pas eu peur, on était tous ensemble. »

Ils ont été stupéfaits de la richesse du village, où ils ont trouvé en grandes quantités de l'orge, du maïs, de l'huile, du vin. Ils ont pris des moutons, des cochons, des poules, des œufs, sans rien payer. « Les habitants, disent-ils, y sont habitués, et puis, ils étaient bien trop contents que nous ne leur coupions pas le cou. »

En face d'Arkangel, l'attaque que devait faire la 122ᵉ division avec notre 371ᵉ a échoué. Elle avait été montée suivant toutes les règles : une masse centrale de trois bataillons, appuyée à droite et à gauche par un bataillon, de manière à déborder largement les ailes de l'ennemi ; les deux flancs bien couverts en arrière.

Mais il se trouve qu'à droite du côté de Huzoran
les Bulgares ont pris l'initiative de l'attaque et
nous ont maintenus sur la défensive. Au centre et
à gauche, notre progression est à peine sensible.
Les pertes sont d'ailleurs légères : un tué et trois
blessés par exemple pour un des régiments engagés.

L'opération continuera demain; on essaiera de
prendre à revers les positions bulgares en partant
de Cicevo.

11 novembre. — Les Bulgares nous ont devancés
et sont passés à l'offensive sur tout le front. A
droite, en face d'Arkangel nous sommes complètement arrêtés; à gauche, ils cherchent à nous percer entre Mrzen et Sirkovo, de manière à se porter
sur notre ligne de communication au pont de
Vozarci. La 122e division, n'ayant toujours qu'une
de ses brigades, — le premier régiment de l'autre
est attendu demain — ne dispose d'aucun renfort.
Sur nos six régiments, quatre sont aux prises avec
l'ennemi : deux sur la rive gauche du Vardar, au
Kara Hodzali et à Pepeliste; deux sur la rive
gauche de la Cerna, engagés dans les combats que
dirige le général de Lardemelle, commandant la
122e division; un garde le défilé de Demir Kapu.
Le dernier, seule réserve disponible, a un bataillon
à Kavadar et un au pont de Vozarci. Il n'y a donc
aucun moyen de renforcer la ligne de combat.

Aussi le général de Lardemelle décide-t-il sagement de garder une attitude défensive et de raccourcir le front en reculant sa droite en avant du pont de Gradsko. Il nous informe de cette situation et signale les efforts dirigés par l'ennemi contre sa ligne de communication; il va tenir coûte que coûte, jusqu'à l'arrivée de sa seconde brigade. Il demande qu'en attendant on lui rende ses deux bataillons maintenus en réserve.

Par suite de je ne sais quelle fatalité, ces renseignements s'égarent en route et ne nous arrivent qu'à 8 heures du soir. Le général télégraphie aussitôt à Salonique que la 122ᵉ division, menacée d'être coupée, réclame des renforts et des munitions; il ne peut pas lui en donner; il demande donc de hâter l'envoi de la seconde brigade et des sections de munitions. Puis, il se rend à Kavadar à 10 heures du soir, pour s'entretenir de la situation avec son collègue. Celui-ci ne la juge plus à ce moment comme aussi difficile; toutes ses dispositions sont prises pour attendre ses renforts dans de bonnes conditions.

12 novembre. — Les Bulgares ont attaqué le piton de Gradsko et les positions au sud de Cicevole-Bas. On les voit s'avancer très rapidement comme aux manœuvres, en petites colonnes de demi-section, qui se déploient en longues lignes de tirailleurs, se couchent, puis repartent; malgré les pertes qu'il leur inflige, le tir des 75 ne les empêche pas de progresser, en profitant de tous les accidents du sol. Elles sont arrêtées par le feu des mitrailleuses à 1 200 mètres de nos lignes; elles ont parcouru, depuis le pied des hauteurs d'Arkangel, trois kilomètres et demi environ. A la nuit, l'attaque reprend contre le piton; les Bulgares abordent nos tranchées; quelques-uns se font tuer au delà. Nous maintenons partout nos positions. Pertes toujours très faibles : six tués et quinze blessés au 371ᵉ.

En somme, jusqu'à présent, la pression n'est pas forte sur le front; le danger est dans la menace d'un enveloppement du côté de la haute Cerna ou de Demir Kapu. Ce qui nous sauve, c'est la faiblesse du commandement bulgare, dont les conceptions militaires paraissent assez simplistes : il se borne à porter la main là où il est frappé. Nous occupons le Kara Hodzali : il l'attaque, mais ne menace pas Kires Tepe et Celevec, ce qui l'amènerait sur nos derrières. Nous voulons prendre pied sur les hauteurs d'Arkangel : il nous repousse, nous menace du côté de Mrzen, sans porter son effort principal sur Faris et Drenovo, par où il nous couperait de Vozarci. Il ne sait que parer, et frapper des coups droits, et ignore le principe qui consiste à manœuvrer l'adversaire, après l'avoir fixé. Peut-être aussi les forces dont il dispose en ce moment ne sont-elles pas assez nombreuses pour lui permettre une manœuvre de grande envergure.

Les Serbes tiennent toujours le défilé de Babuna. Leur courage mériterait un meilleur sort. Ce même jour nous recevons de Monastir une nouvelle demande de secours. Le colonel Vassitch prie le général d'agir dans le flanc des Bulgares pour les empêcher d'attaquer, sans quoi il perdra la position de Babuna, qui est d'une importance décisive. Ses troupes souffrent de la dyssenterie, et il n'a que vingt à trente coups par pièce de canon.

Malgré la pitié que nous inspire cette détresse, pas plus que les autres fois, nous ne pouvons lui donner satisfaction, d'autant moins que nous sommes obligés de dégarnir le front de la Cerna. En effet, dans la soirée, le préfet de Kavadar vient trouver le général, et lui dit tenir de gens absolument sûrs que de grosses forces ennemies descendent sur Demir Kapu des montagnes qui sont au nord. C'est la manœuvre, si redoutée, contre notre unique voie de repli. Aucun moyen de contrôler le renseignement. Le général, forcé par les garanties que lui donne le préfet de l'accepter pour bon, décide d'envoyer à Demir Kapu, où il n'y a que le 260ᵉ, le colonel de Clermont-Tonnerre commandant la 113ᵉ brigade, avec un second régiment, le 235ᵉ, qui était en réserve à Kavadar et au pont de Vozarci. Il y sera remplacé par le 242ᵉ, qui quittera Mrzen dès qu'il aura été relevé par un des régiments de la 122ᵉ division.

13 novembre. — Dans la journée, l'ennemi prononce des attaques sur tout le front; elles sont arrêtées par les tirs de barrage des batteries et le feu de l'infanterie.

A gauche, au moment où il allait être relevé, le 242ᵉ, fortement pressé, évacue un piton dominant Mrzen à l'ouest; le régiment chargé de la relève ne se risque pas à réoccuper un terrain qu'il ne connaît pas, de sorte que les Bulgares s'y installent. Le compte rendu officiel des opérations de la journée établi par la 122ᵉ division relate l'incident en des termes blessants pour le 242ᵉ; son chef en pleure de désespoir : le bataillon incriminé était resté quatre-vingt-seize heures aux avant-postes!

Décidément il ne fait pas bon pour un corps servir dans une formation à laquelle il n'appartient pas organiquement; il est à peu près sûr d'y être traité en paria. Remporte-t-il un succès, on le lui conteste. Si les affaires ne vont pas, c'est de sa faute. D'ailleurs, ceux qui sont ainsi transplantés s'attendent toujours à une brimade et sont portés à croire qu'on leur réserve les missions de sacrifice. Dans un pareil cas, j'ai entendu répondre à un ordre, donné sans aucune arrière-pensée : « Vous me faites le coup de l'invité. »

Heureusement un télégramme du général en

chef met fin à ce mélange des unités en ordonnant au général de reprendre tous ses régiments sous ses ordres directs et de les faire repasser sur la rive droite de la Cerna.

L'autre division restera sur la défensive entre Gradsko et Vozarci, le gros de ses forces à sa gauche. Elle se tiendra prête à reprendre éventuellement la marche sur Prilep. Cette éventualité nous laisse rêveurs; comment pourra-t-elle réussir là où elle vient d'échouer, puisqu'il n'est pas question de renforts? Il faudrait pour cela que les Bulgares fussent frappés de la peste, ou dispersés par l'ange du Seigneur.

Voilà donc les opérations offensives arrêtées. Pour aider les Serbes dont la situation était désespérée, elles ont été commencées avant que nous n'eussions réuni tous nos moyens; la 122ᵉ division a reçu hier seulement sa seconde brigade, elle n'a encore ni ses convois, ni ses ambulances. Nous manquons d'artillerie de montagne. Il nous faudrait des équipages de pont. Même parfaitement outillées et ravitaillées, ces deux divisions seront trop faibles contre les forces supérieures que l'ennemi leur opposera certainement le jour où il le voudra.

Les Bulgares sont loin de valoir les Allemands, mais ils ne sont pas à dédaigner. Si leur commandement n'est pas manœuvrier, leurs soldats sont très braves, d'une bravoure inconsciente du dan-

ger. Ils ont sur les nôtres deux avantages : leur
sobriété : ils vivent de rien, et se déplacent facilement sans avoir à se soucier de leurs convois;
ensuite, la légèreté de leur équipement, qui leur
donne une souplesse et une agilité précieuses
pour faire la guerre dans un pays montagneux;
ils en profitent pour s'avancer rapidement en terrain nu et tirer un excellent parti de tous les couverts du sol. Ils se massent en silence dans les
ravins et en sortent brusquement à proximité de
nos lignes, produisant un effet de surprise encore
accru par la violence de leur assaut. Leur artillerie
tire assez bien; heureusement pour nous, elle est
mal approvisionnée en munitions et ne sait pas
agir en liaison intime avec son infanterie.

14 novembre. — La 122ᵉ division s'installe en
situation défensive sur la rive gauche de la Cerna,
conformément aux ordres de l'Armée. La rupture
du contact se fait sans difficultés, excepté à gauche.
Les éléments de notre division reviennent sur la
rive droite; deux compagnies seulement restent
de l'autre côté pour garder le pont du chemin de
fer. Depuis deux jours, les Bulgares rendent le
passage du pont difficile en tirant de la rive gauche
du Vardar; le général le ferait volontiers sauter,
pour n'avoir pas à craindre une surprise.
Faute de pouvoir se porter en avant, il songe à
organiser en arrière de la position formée par le

Vardar et la Cerna un vaste camp retranché. Il fait aussi étudier la manière dont pourrait être mené le repli des deux divisions par chemin de fer. Il pousse de toutes ses forces les travaux pour l'amélioration des pistes qui nous mettent en communication avec l'arrière.

Justement les Serbes nous envoient des travailleurs, une centaine d'Albanais, qui se sont présentés à Monastir comme volontaires, mais qu'ils ne jugent pas assez sûrs pour les armer. En attendant d'être dirigés sur les chantiers, ils sont parqués dans le lit du ruisseau devant la mosquée. Presque tous portent le costume traditionnel : veste et culotte blanches soutachées de noir, et petite calotte blanche. Beaucoup ont des physionomies fines et expressives.

A côté d'eux, encadré par des gendarmes serbes, robustes gaillards à l'air suffisant, et des miliciens, vieillards résignés et de triste mine, un troupeau d'hommes mal vêtus avec des têtes de pauvres hères ou d'inquiétantes figures de bandits. Ce sont les volontaires hellènes qui, dix jours plus tôt, avaient traversé Negotin en chantant.

Un beau matin on nous avait annoncé de Krivolak le débarquement de deux cents individus plus ou moins dépenaillés, se disant Grecs et volontaires, qui venaient combattre à côté des braves Français pour la noble cause de la libération de la Serbie. Le chef de la bande était un médecin; il

y avait deux lieutenants grecs porteurs d'un semblant d'uniforme. Ne sachant que faire de ces
gens, qui n'étaient ni habillés, ni armés et ne lui
inspiraient pas confiance, le général avait eu comme
première idée de s'en débarrasser en les ren-
voyant à Salonique. Mais les officiers déclarèrent
qu'ils ne pouvaient pas rentrer en territoire grec,
étant déserteurs de l'armée hellénique, ainsi que
quelques-uns de leurs hommes. Le général décida
alors de les garder à Krivolak et de les employer à
des travaux de route et comme hommes de corvée
à la gare. Ces braves refusèrent énergiquement de
s'abaisser à une œuvre servile; ils étaient venus
pour se battre et non pas pour remuer la terre ou
des sacs d'avoine.

De Salonique, où nous avions télégraphié, on
répondit de les expédier aux Serbes, qui les arme-
raient s'ils jugeaient bon de les employer. Ce que
nous fîmes sur-le-champ, dans le secret espoir
qu'ils n'arriveraient pas à Prilep sans s'être fait
prendre par les Bulgares. Ils partirent triomphants
et rejoignirent les Serbes sans encombre.

Malheureusement pour eux ils arrivèrent précédés d'une fâcheuse réputation, car nos avant-postes
à peine franchis, ils étaient entrés en guerre, non
contre les Bulgares, mais contre les habitants. A
Drenovo, où ils arrivent la nuit, leurs officiers, qui
répondent aux prénoms d'Epaminondas et d'Aristo-
phane, se présentent chez le maire, le ligotent, le

giflent et le contraignent à faire ouvrir les portes des maisons de ses administrés. Cela n'empêche pas les hommes d'y pénétrer en escaladant les fenêtres et les murs des jardins. Ils fracturent les coffres et volent tout ce qu'ils trouvent, objets précieux, argent, linge, vêtements, robes de femmes, poules, oignons, noix. Le hodja musulman est aussi ligoté et dépouillé; un Turc assassiné.

Ils renouvelèrent les mêmes exploits dans quelques autres villages sur leur route : après tout, il fallait bien manger. Bref, ils en firent tant que les Serbes les jugèrent tout à fait indésirables et télégraphièrent aussitôt qu'ils les renvoyaient sous bonne escorte; ils nous priaient de les réembarquer sans délai à destination de la Grèce, où ils devaient être tenus le plus éloignés possible de la frontière serbe.

Après une enquête menée à Drenovo, vingt-six, dont un officier, furent gardés par nos gendarmes, sous prévention de pillage et de violences, et remis aux autorités serbes. Les autres furent conduits à la frontière, qu'il ne fut pas aisé de leur faire passer, les Grecs ne voulant pas les recevoir...

18 novembre. — Negotin est le siège d'une sous-préfecture, dépendant de la préfecture de Kavadar. Elle comptait plus de 4 000 habitants, mais en a perdu environ la moitié par l'émigration de la population musulmane, qui quitte le pays depuis que les Serbes l'occupent : les Turcs, nous dit-on, ne restent pas volontiers là où ils ne sont plus les maîtres. A Negotin, comme dans la plupart des localités, ils habitaient un quartier séparé, dont les maisons communiquaient entre elles par des ruelles, pour permettre aux femmes de circuler à l'abri du contact des chrétiens. Une partie de ce quartier est détruite et transformée en un champ de décombres.

Le bourg s'étale sur une large surface, les maisons ayant de grandes cours et étant détachées les unes des autres ; les rues escaladent des pentes, ou longent audacieusement le bord de petits ravins. La route de Krivolak à Kavadar le traverse. Qu'on ne se figure pas une route droite, entre deux alignements de maisons, comme à la traversée d'un village de France : elle serpente en un tracé sinueux, avec de brusques tournants, si étroite par endroits que deux voitures ne peuvent pas s'y croiser.

Il y a deux grandes places, plutôt des terrains vagues, battus par le vent, domaines du soleil et de la poussière ; c'est là que se tient le marché du jeudi. Il amène les paysans des villages voisins, qui viennent avec leurs ânes et leurs petits chevaux portant d'énormes chargements en équilibre de part et d'autre du bât : bois de chauffage, cuirs et peaux de chèvre, nattes de jonc, légumes. Les boutiques se serrent le long de deux petites rues :

un tailleur, un marchand de fer, plusieurs magasins d'épicerie, mercerie, étoffes et vêtements confectionnés à la mode du pays; quelques débitants. Au marché et dans les boutiques, les marchandages sont interminables. L'industrie est représentée par un moulin à huile : la graine de pavot est broyée sous une meule que tourne un âne. Dans la plupart des maisons on voit des métiers à tisser.

A travers le village se creuse profondément le lit d'un ruisseau aux berges escarpées; il est fait pour contenir un torrent, il n'y coule en ce moment qu'un mince filet d'eau. En face de la mosquée il s'élargit et forme un gué, au-dessus duquel est jeté un pont de bois à demi démoli. C'est là que matin et soir vient boire le troupeau. Un étroit cimetière, qu'enclôt un mur, entoure la mosquée. Devant, un vieux sycomore abrite une fontaine. La pointe du minaret est toujours occupée, comme un clocher de village par son coq de fer-blanc, par une de ces petites corneilles à mantelet gris, aussi nombreuses et familières ici que les pigeons chez nous. Une tour en pierre et bois qu'on dit fort ancienne, sorte de beffroi muni d'une cloche, domine le village au couchant.

L'église se trouve à l'extrémité du côté de Krivolak. On y va par un chemin à flanc de coteau, entre des vergers et des vignes, pavé de larges dalles. C'est dans une cour, où l'on descend par trois marches, et encore en contre-bas du sol de la cour, un petit bâtiment rectangulaire, couvert d'un toit plat comme les maisons ; un avant-toit, soutenu par des poteaux en bois, forme une galerie. Pas de clocher : la cloche est dans la cour, montée sur une charpente à hauteur d'homme. En face, une fontaine, qu'ombragent de maigres acacias ; à côté, une construction basse, qui servait d'école au temps de la domination turque ; derrière, par une porte ouverte, on aperçoit un jardin potager. L'ensemble évoque une chapelle de pèlerinage, avec ses dépendances. Mais la moindre de nos églises de campagne a dans son clocher, son portail, ses fenêtres un cachet artistique dont on ne trouve pas trace ici.

L'office dominical suivant le rite grec se déroule avec beaucoup de mouvement et de chants. Les boucles de ses cheveux noirs flottant sur les épaules, vêtu d'ornements à peine décents tant ils sont usés, le pope va et vient d'un lutrin à l'autre, ouvre et referme le rideau qui masque l'autel. Pendant qu'il chante d'une voix de tête, un vieil acolyte loqueteux l'accompagne, en soutenant sur une note très basse un son monotone et continu.

Comme assistance, il n'y a guère que des femmes. Elles sont vêtues de noir ; la tête est couverte d'un foulard noir, qui retombe en pointe sur le dos, enfermant deux maigres nattes pendantes, légèrement teintes au henné. Toutes ont l'air vieux, même celles qui ont de petits enfants sur les bras. D'autres enfants errent dans l'église. Elles rappellent nos Bretonnes, avec une-attitude moins pieuse et moins recueillie; la tenue du pope et celle de l'assistance font comprendre à quel point la religion orthodoxe est toute dans la forme et n'a aucune vie intérieure. Deux femmes se tiennent à la porte et offrent sur une assiette des grains de blé cuit, qui ont été bénits pendant l'office; les fidèles en prennent à pleins doigts et les mangent.

Nous pourrions nous croire ici dans un petit chef-lieu de canton arriéré et sans animation. Tout différent est l'aspect de certains villages des environs, comme Timjanik, entièrement turcs. On y reçoit bien l'impression d'une terre étrangère. Le long des ruelles désertes, les maisons semblent abandonnées; pas même d'enfants devant les portes; seuls les ignobles chiens sans race, qu'on trouve dans toute la Macédoine, accueillent le passant par leurs aboiements furieux. Un grand ravin traverse le village; nous y descendons pour passer de l'autre côté; au fond, deux femmes vêtues de cotonnade bleue, avec un voile blanc, remplissent des outres au ruisseau; elles nous ont entendus et se sauvent; pour courir plus vite, une abandonne ses socques de bois. En approchant du centre, nous découvrons les hommes, tous habillés de même : veste bleue matelassée, ouverte sur

une haute ceinture rouge, culotte de grosse étoffe
brune soutachée; ils se tiennent sur la place, par
groupes d'une vingtaine, les mains dans les
poches, dans un désœuvrement absolu; seuls les
enfants daignent lever la tête pour regarder nos
avions qui évoluent dans l'azur de cette belle journée. Quels sentiments leur air d'indifférence peut-
il cacher?

19 novembre. — Sur la Cerna, tout est devenu
calme. Les Bulgares ne montrent aucune activité
en face de notre front. Progresseraient-ils vers le
sud pour franchir la rivière en amont et nous
prendre par derrière, comme pourraient le faire
croire des indications assez vagues? Un des caractères de ces opérations est la difficulté que
nous avons à être renseignés sur les mouvements de l'ennemi. La cavalerie ne fait que des
reconnaissances à courte portée; le rayon d'explo-
ration des avions reste très faible; les autorités
serbes n'ont organisé aucun service de renseignements.

Le Kara Hodzali est toujours canonné; mais
grâce aux terriers que les hommes se sont creusés,
les effets du bombardement sont à peu près nuls :
un blessé de temps en temps. Il n'y a pas eu d'attaque depuis le 6 novembre, jour où le 372ᵉ a
relevé le 244ᵉ. Pas d'autre activité sur la montagne que l'envoi de patrouilles pour déterminer le

contour exact des lignes ennemies et ramasser
les fusils bulgares laissés sur le terrain par l'ennemi lors de ses attaques du commencement du
mois; l'appât d'une prime assez généreuse en fait
trouver plus de deux cent cinquante.

CHAPITRE V

L'ordre de préparer la retraite. — Les difficultés. — L'évacuation du matériel. — L'attitude des Grecs. — Les opérations sur la rive gauche du Vardar. — Déserteurs bulgares. — Comitadjis serbes. — La neige. — Le 372ᵉ au Kara Hodzali.

20 novembre. — A 7 heures du matin arrive à Negotin le lieutenant Frappa, officier de liaison de l'armée, porteur d'un pli. Ce n'est pas sans émotion que nous lisons : « Il est possible que d'ici quarante-huit heures l'ordre soit donné de se replier en arrière du défilé de Demir Kapu... »

La 122ᵉ division était mise, pour cette opération, sous les ordres du général Leblois. Puis venaient des indications sur la manière dont le mouvement devait s'exécuter : ramener tout d'abord toutes les troupes sur la rive droite de la Cerna, et tenir les ponts; progresser sur la rive gauche du Vardar, de manière à assurer la libre circulation des trains de jour et de nuit sur la voie ferrée Krivolak-Demir Kapu.

Le matériel d'artillerie devait être évacué sur Demir Kapu; les ambulances sur Guevgueli. Une division devait organiser et occuper une tête de

pont en avant de Demir Kapu, de manière à permettre l'embarquement dans cette gare de tous les
éléments ramenés en arrière. Le repli des troupes
commencerait lorsque celui du matériel serait terminé. Un post-scriptum, de la main du général en
chef, portait : « Ne pas s'affoler, mais ne pas
perdre de temps si l'opération s'exécute. »

Cet ordre ne surprit pas le général : parfaitement conscient de la situation périlleuse où il avait
été jeté par suite de considérations diplomatiques,
sans illusions sur l'échec réservé à une offensive
téméraire, il avait de tout temps prévu l'éventualité de la retraite et étudié la manière dont ce
mouvement difficile pourrait être conduit. Il
ordonna sur-le-champ à l'État-Major et aux Services : intendance, artillerie, santé, de préciser
les moyens d'exécution. Ce n'était pas une chose
aisée, étant donné d'une part l'importance des
approvisionnements rassemblés dans la zone que
nous occupions; de l'autre, le faible rendement du
chemin de fer à voie unique, notre seul lien avec
l'arrière.

Limitée sur deux de ses faces par des rivières
larges et rapides, et bornée sur une autre face par
des montagnes difficilement franchissables, la
région Kavadar-Negotin, le Tikves (1), se prêtait à

____

(1) A proprement parler, le Tikves s'étend aussi sur la rive
gauche du Vardar, mais sa partie essentielle correspond à la
région occupée par nous.

un stationnement prolongé de nos deux divisions
en vue de préparer une reprise de l'offensive.
C'était comme un camp retranché naturel. Il avait
bien un gros défaut, celui d'être trop étroitement
fermé par derrière, car on n'en pouvait sortir que
par le défilé de Demir Kapu, où coulait le Vardar
et où ne passait pas d'autre chemin que la voie
ferrée. Il est vrai qu'on espérait avoir le temps
d'en construire. En tout cas, on avait amené dans
cette zone de grandes quantités de vivres et de
munitions; l'intendance s'occupait activement
d'aménager les locaux existants pour en faire des
magasins, ou d'en édifier de toutes pièces. A
Kavadar, elle avait employé à cet effet les bâtiments d'un séminaire musulman resté inachevé
depuis 1912; à Negotin, elle faisait daller avec de
grandes pierres plates l'emplacement des maisons
détruites pendant la dernière guerre et relever
leurs murs, dont il restait des pans encore debout.
En les recouvrant de bâches, elle obtenait des
magasins où elle entassait les sacs d'avoine, de
sucre, de café, les boîtes de conserves, les caisses
de biscuits, nécessaires au ravitaillement des
deux divisions.

De son côté, l'artillerie avait reçu de nombreux
wagons d'obus et de cartouches en caisses : il ne
fallait pas risquer de se trouver à court de munitions un jour de bataille. Mais aujourd'hui, cet
approvisionnement n'était plus qu'un embarras.

Un autre, et plus sérieux, nous venait de nos voitures. Lors de notre départ d'Alsace, on avait profité du petit séjour que nous fîmes au camp de la Valbonne pour échanger les fourgons et les voitures à quatre roues contre des voitures à deux roues, du type dit *araba*. De construction américaine, celles que nous touchâmes ainsi étaient à la fois plus lourdes et moins solides que les vraies arabas avec leurs grandes roues et leur fond à claire-voie, qui sont en service dans les convois du Maroc. Eussent-elles même été plus légères, qu'elles n'auraient pas davantage pu circuler sur les pistes muletières, seuls chemins dont nous disposions dans certaines zones du pays que nous devions traverser pour nous replier. Depuis notre arrivée en Macédoine, il était question de les remplacer en totalité par des mulets. Mais l'échange n'était encore fait que pour les voitures à munitions des régiments d'infanterie et il restait dans les deux divisions plus de sept cents voitures à deux et à quatre roues.

De Kavadar à Salonique, il n'y a pas de route, ni sur la rive droite ni sur la rive gauche du Vardar. La vallée forme plusieurs bassins, que séparent des massifs montagneux où le fleuve s'est frayé entre les rochers d'étroits passages. Ces bassins, dont la surface est plus ou moins ondulée et accidentée, sont parcourus par des pistes ; les voitures peuvent y rouler par temps sec ; dès qu'il pleut, elles deviennent impraticables sur une partie de leur parcours. Tel est le Tikves, entre la Cerna et le massif de Marianpka. Le fleuve en sort par le défilé de Demir Kapu, long de 20 kilomètres et si resserré en certains endroits que la piste n'a même pas pu trouver de place à côté de la voie ferrée.

Au nord du défilé se dresse le massif montagneux de Gradec, qui atteint l'altitude de 750 mètres; au sud, celui de Marianpka, dont la crête se tient entre 950 et 1423 mètres. Tous les deux ne sont traversés que par des sentiers mauvais muletiers, débouchant sur le bassin de Guevgueli. Dès notre arrivée à Negotin, on s'était préoccupé d'améliorer ces sentiers, qui nous étaient indispensables pour nous retirer vers Salonique le cas échéant. Mais les travaux, bien que commencés par les deux extrémités, n'avaient pas pu être terminés, de sorte que, pour faire passer nos voitures dans la région de Guevgueli, nous disposions seulement de la voie ferrée.

De Guevgueli à Salonique, même pénurie de routes. Il faut donc prévoir l'emploi exclusif du chemin de fer pour l'évacuation des voitures. Les gares imposées sont Krivolak et Demir Kapu; toutes les deux ne comportent qu'une voie d'évitement et une voie de garage, avec un quai permettant de charger à la fois trois wagons. Les embarquements seront longs et difficiles. Pour y remédier dans une certaine mesure, le général donne l'ordre de construire des quais en bois.

La ligne est à voie unique; sept machines seulement sont en service, le nombre des wagons est très limité. Quel rendement obtiendrons-nous dans ces conditions?

Nous ne pouvons pas compter sur plus de cinq trains par vingt-quatre heures, ou plutôt par nuit, la circulation de jour sur la voie ferrée étant entravée par l'artillerie bulgare. En admettant qu'on se décide à passer de jour quand nous aurons avancé assez loin sur la rive gauche pour empêcher les batteries ennemies de tirer, nous atteindrons une moyenne de sept trains par vingt-quatre heures... Or, les premières prévisions pour l'enlèvement des vivres, des munitions, des batteries de 75, des convois, des ambulances, des unités d'infanterie que l'on veut reporter à l'arrière pour servir de repli, des détachements téléphoniques, des postes de télégraphie sans fil, des sections sanitaires automobiles, du matériel des escadrilles d'avions, des bateaux anglais employés pour le passage du Vardar donnent un total d'une centaine de trains. L'évacuation demandera donc quinze jours.

L'ennemi nous laissera-t-il ce délai? Pour le moment nous tenons tête aux forces qu'il nous oppose. Nous leur résisterons plus facilement encore quand nous aurons ramené tout notre monde sur la rive droite de la Cerna; il suffira de faire sauter les ponts (celui du chemin de fer au confluent et le pont de bois de Vozarci) pour nous trouver à peu près en sécurité. Mais cette sécurité ne sera pas indéfinie. Une fois l'armée serbe complètement rejetée en Albanie et tout le territoire serbe occupé, les Bulgares, peut-être même les Allemands, peuvent amener contre nous de nouvelles forces, nous tourner par la haute vallée de la Cerna et couper notre retraite vers la station de Strumiça et Guevgueli. Il est donc essentiel de faire l'opération du repli sans perdre un jour. Aussi nous ne comprenons pas l'ordre de rassembler le matériel à Demir Kapu et même à Guevgueli. Dès l'instant qu'on se décide à la retraite, il faudrait tout diriger sur Salonique et ne garder avec les troupes que ce qui leur est indispensable pour vivre et combattre quelques jours.

En tout cas, l'état-major de l'armée ne paraît pas inquiet, car à 11 heures du soir un télégramme nous prescrit de surseoir à tout commencement d'exécution et interdit de faire sauter le pont du chemin de fer sur la Cerna avant l'ordre formel du général en chef.

21 novembre. — Nous recevons à dîner les journalistes en tournée qui reviennent de visiter le front. On les a conduits au delà de la Cerna, jusqu'aux gorges du Rajec, et ils s'y sont justement trouvés à point pour entendre la fusillade et des coups de canon, de sorte qu'ils sont enchantés. Quelques-uns d'entre eux connaissent les pays balkaniques; un autre a fait l'été dernier un voyage en Europe; il est passé à Vienne et à Berlin. Ils racontent ce qu'ils savent, d'ailleurs rien de nouveau; ce sont toujours les mêmes idées et les mêmes faits. Mais nous sommes trop sevrés de nouvelles pour ne pas en accueillir avec plaisir la réédition ou la confirmation. On déplore la maladresse des Russes s'aliénant la Roumanie par le refus brutal de lui céder Cernovitz; ils avaient pourtant beaucoup à se faire pardonner des Roumains, qui les regardent comme l'ennemi héréditaire depuis qu'ils les ont payés de leur concours pour la prise de Plewna en leur extorquant la Bessarabie.

Si les Grecs, raconte X..., ne marchent pas avec nous, c'est qu'ils n'ont pas confiance en notre succès final. Le roi Constantin pense que la guerre se terminera par un compromis, aucun des deux partis n'étant de force à écraser l'autre. Nos rapports avec la Grèce sont assez tendus; il faut que d'ici quelques jours la situation soit réglée dans un sens ou dans l'autre. Le ministre de France à Athènes, nous dit-on aussi, ayant demandé au président du Conseil que les Serbes qui se retireraient en Grèce fussent traités comme les Français et les Anglais, celui-ci a commencé par prendre vingt-quatre heures de réflexion, puis a répondu : « Les Français et les Anglais seront traités comme les Serbes. »

Un autre explique comment notre situation morale serait meilleure dans les Balkans si nous avions su nous servir de la presse. Alors que les Allemands ont dépensé douze millions en Grèce pour acheter des journaux et des hommes politiques, nous n'avons consacré à cette œuvre essentielle que des sommes insignifiantes. Et quand des hommes avertis signalaient l'infériorité qui en résultait pour nous, on leur répondait au quai d'Orsay : « La France est assez connue à l'étranger pour n'avoir pas besoin de se faire une réclame payée... »

22 novembre. — Nous apprenons que la 122ᵉ division est repassée cette nuit tout entière sur la rive droite de la Cerna. Vers 3 heures de l'après-midi, au moment où les journalistes quittaient le terrain, une attaque enveloppante s'est produite à la fois dans la région de Debrista, sur la cote 208 et sur les hauteurs au sud de Drenovo, visant les hauteurs de Dragina qui dominent le pont de Vozarci à portée de canon. La gauche, complètement débordée et prise à revers, a cédé ; les compagnies de chasseurs qui étaient au pont du Rajec ont lâché pied et sont revenues un peu vite au pont de la Cerna, subissant l'attraction du point de passage qui était leur unique salut.

Le général de Lardemelle prit alors sur-le-champ les dispositions nécessaires pour organiser le repli des cinq bataillons qui s'étendaient à droite sur un très grand front. Le mouvement s'exécuta dans la nuit en bon ordre, les Bulgares n'ayant pas poursuivi leur succès. Nous n'avons donc plus personne sur la rive gauche de la Cerna. Mais estimons-nous heureux que l'ennemi soit aussi mauvais manœuvrier et ne pousse jamais ses attaques à fond.

A 13 heures, arrive l'ordre de commencer l'évacuation du matériel. Celui de faire sauter les ponts avait été reçu cette nuit.

On charge d'abord les approvisionnements qui sont à la gare. En faisant marcher toutes les voitures des convois administratifs des deux divisions, l'Intendance y amène la totalité du contenu de ses magasins de Kavadar et de Negotin. Les munitions d'artillerie sont rassemblées de même; mais impossible de les mettre à Krivolak où elles seraient exposées au risque du bombardement. Si peu dangereux que soient les obus bulgares, un seul bien placé suffirait pour faire sauter un magasin, comme il a incendié l'autre jour un wagon de foin. On les transporte donc à l'endroit que nous appelons le « coude du Vardar ». C'est le point où la voie ferrée qui longe le fleuve se trouve le plus rapprochée de Negotin. Faute de quai, l'embarquement des caisses devra se faire en pleine voie, au prix de beaucoup de fatigue et de difficultés pour les hommes.

Le général en chef attire notre attention sur la nécessité d'empêcher l'ennemi de menacer Demir Kapu par la haute vallée de la Bosava; c'est la direction dangereuse qui nous a toujours inquiétés depuis que nous savons que les Serbes ne sont pas capables de tenir à Prilep.

23 novembre. — Un officier de l'état-major de l'armée arrivant de Salonique nous raconte que les choses se gâtent avec la Grèce. Il y a un mois juste, le jour de notre débarquement, comme nous nous étonnions de cette mobilisation qui remplissait les rues de Salonique d'un grouillement si pittoresque et apportait tant de gêne à notre installation, on nous répondait en affirmant le dévouement des Grecs à notre cause : ils allaient venir se battre à nos côtés, et, ajoutait-on, c'était pour couvrir leur concentration que nous étions lancés en flèche à 150 kilomètres de Salonique. Ces affirmations nous avaient surpris. Mais elles étaient données avec tant d'assurance... Aujourd'hui, voilà ces mêmes Grecs animés des pires intentions et devenus très dangereux, si bien que, le 21, les cuirassés français et anglais ont pris ostensiblement le dispositif de combat, prêts à canonner la ville dont ils s'étaient réparti les divers quartiers; les paquebots et les transports qui se trouvaient devant eux se sont retirés pour ne pas gêner le tir. Les troupes du camp de Zeitenlik étaient alertées ; les compagnies de mitrailleuses avaient leurs objectifs désignés. Un ultimatum a été adressé au gouvernement d'Athènes : « L'attitude de la Grèce envers les Alliés continuant à rester indécise, ceux-ci se voient obligés de prendre contre elle des mesures de coercition. » Décidément, la situation des petits États n'est pas facile par le temps qui court... Ces mesures de coercition consistent pour le moment en un blocus ; il sera très sensible aux Grecs, qui souffrent déjà d'une disette de blé et de charbon (1).

Violentes protestations de la presse hellénique contre cette contrainte, alors que la Grèce, prétend-elle, a fait preuve jùsqu'à présent de la neutralité la plus bienveillante à l'égard de l'Entente. « Que les Anglais soient certains que nous mangerons des rats morts *(sic)* plutôt que de nous laisser traiter comme des sujets des colonies anglaises. Pourquoi la Grèce irait-elle se sacrifier pour l'An-

---

(1) Inutile d'insister en ce moment sur les erreurs commises... L'Entente avait négocié avec M. Venizelos comme si le roi n'existait pas. Celui-ci a toujours protesté que les arrangements faits par M. Venizelos l'avaient été sans son assentiment. Erreur d'autant plus grave que nous étions avertis : qu'on relise à ce sujet ce qu'écrivait dès septembre 1913, dans les *Questions diplomatiques et coloniales*, le commandant de Thomasson sur la grande influence personnelle que Constantin exercerait sur le gouvernement (numéro du 1er septembre 1913, p. 258). Qu'on relise aussi les nombreux articles publiés par le *Correspondant* sur les questions balkaniques, sous la signature ***.

gleterre, alors que les Anglais ne veulent pas s'imposer à eux-mêmes le sacrifice du service militaire obligatoire? Qu'ils commencent par nous donner l'exemple, » etc., etc... Sur ce terrain, les Grecs ont beau jeu. Ils savent aussi bien que nous qu'aujourd'hui les Anglais n'ont encore mis en ligne, pour défendre la Serbie, qu'une division, soit une dizaine de mille hommes. Le reste de leurs troupes n'a pas quitté Salonique.

Nous apprenons aussi que M. Denys Cochin s'entremet pour atténuer le mauvais effet de ces menaces. C'est habile. Les Grecs ne font pas difficulté de reconnaître que nous nous montrons à leur égard moins brutaux que nos alliés, mais ils ajoutent que « le miel français est incapable d'adoucir le wisky britannique ».

Pour nous autres combattants, l'essentiel est que les diplomates nous assurent les meilleures conditions pour remplir notre tâche, et, dans les circonstances présentes, il est évident que l'intimidation seule peut réussir. Je ne parle pas de notre sécurité : l'idée que les Grecs pourraient marcher contre nous paraît peu vraisemblable, pour beaucoup de raisons, dont la meilleure est qu'ils ne veulent pas se battre. Mais ils nous gênent par des entraves de toute sorte; il faut les arrêter sur-le-champ pour leur enlever toute velléité d'aller plus loin. Il faut surtout prendre des précautions contre leur fourberie, car, incapables de nous résister ouvertement, ils essaieront de s'en tirer par des promesses qu'ils seront bien décidés à ne pas tenir.

Pendant ce temps-là, le général continue la réalisation de son plan en élargissant la zone de sécurité sur la rive gauche du Vardar. Le 242ᵉ a occupé hier sans difficulté Kires Tepe. Un bataillon du 371ᵉ et deux compagnies du 244ᵉ ont occupé de leur côté Voysan et le piton au sud-ouest de Brusnik. Cette opération fut assez vivement disputée; les Bulgares dirigèrent sur le piton plusieurs attaques pour l'enlever au 244ᵉ, mais en vain; le régiment maintient sa réputation gagnée dans les Vosges et au Kara Hodzali. Dès lors, les trains peuvent passer de jour entre Krivolak et Demir Kapu.

De son côté, la 113ᵉ brigade continue à préparer l'opé ration sur Kosarka, qui doit nous permettre la libre circulation sur la voie ferrée et la rive gauche du Vardar dans le défilé. Toujours prudent et méthodique, le général la règle dans le détail.

Une instruction de l'Armée précise les conditions du repli; elle complète les télégrammes précédemment reçus. On constituera à proximité de chaque corps de petits dépôts de vivres et de munitions; les voitures des trains régimentaires et des sections de munitions, devenues alors inutiles, seront transportées par chemin de fer. La tête de pont de Demir Kapu sera tenue par notre division. L'autre se retirera par Disan-le-Haut et Dracevica, une brigade sur Gradec, l'autre sur Mirovca. De Demir Kapu, la 57ᵉ appuiera à droite dans la vallée du Cinarli.

Nous évacuons des approvisionnements de vivres, des caisses de cartouches d'artillerie et d'infanterie, les blessés et les malades qui étaient soignés dans les ambulances; une centaine d'arabas des convois de l'intendance avec leurs attelages. Pas d'incidents. Le bombardement de la gare est toujours inoffensif.

25 novembre. — A 11 h. 50 arrive un télégramme du général en chef. Le repli du matériel doit se terminer cette nuit, et celui des troupes commencer demain 26, à moins d'impossibilité motivée ; nous n'avons qu'à demander les trains qui nous sont nécessaires. — Cette prescription ne manque pas de saveur alors que jusqu'à présent nous n'avons jamais pu obtenir ceux que nous demandions ! — Si l'ennemi ne suit pas, nous nous arrêterons vingt-quatre heures dans la tête de pont de Demir Kapu, puis nous irons dans la zone fixée vers Guevgueli; il importe que toute l'armée soit le plus tôt possible à Salonique.

Il semble, d'après cette dépêche, qu'on soit pressé de nous voir en sûreté. En effet, le radiogramme allemand pris cette nuit par notre poste de T. S. F. nous apprend que les Allemands sont à Mitroviça et les Bulgares à Pritchina; la campagne contre les Serbes touche donc à sa fin et nous pouvons, d'ici peu, être attaqués par les divisions bulgares et allemandes devenues disponibles. Mais alors pourquoi un arrêt à Demir Kapu et un autre à Guevgueli au lieu de se décrocher carrément, ce qui ne paraît pas difficile en ce moment, mais le deviendra à mesure que l'ennemi se renforcera (1)?

En tout cas, il est absolument impossible que le repli du matériel soit terminé cette nuit. C'est ce que répond le général. Il y a encore vingt trains de matériel à enlever, y compris les sections de munitions et les convois administratifs. Faute de locomotives, la ligne ne peut donner que cinq trains cette nuit, sept le 26 et peut-être neuf à partir du 28. Il faut donc, ou bien abandonner le matériel, ou bien attendre le 28 pour le repli des troupes. Le général ajoute que si la présence des troupes est nécessaire au delà du défilé de Demir Kapu, il peut entremêler les trains de troupes et les trains de matériel.

Quant aux munitions d'artillerie, elles seront poussées jusqu'à Guevgueli et non arrêtées à Demir Kapu comme il avait été prescrit. Il est inutile et dangereux d'augmenter l'encombrement

(1) L'Armée avait certainement ses raisons pour ordonner le mouvement de cette manière. Ici, comme toujours, je note simplement les impressions des exécutants.

dans cette gare, le stock étant plus que suffisant pour entretenir le combat si la tête de pont est attaquée. D'ailleurs, en cas de besoin, il serait toujours facile d'en faire monter de Guevgueli.

Les embarquements continuent normalement; nous enlevons deux sections de munitions, caissons et attelages, et une soixantaine de wagons de matériel de toute sorte. Pour faciliter les opérations, on a poussé à Krivolak les éléments qui doivent embarquer dans les quarante-huit heures, de manière que les diverses unités s'entendent entre elles pour compléter les trains, dont aucun wagon ne doit rester inemployé. Toutes les voitures des troupes qui sont sur la rive gauche du Vardar repassent sur la rive droite; ces troupes seront ravitaillées en vivres par leurs mulets à munitions et ceux des compagnies de mitrailleuses. Les bivouacs se multiplient autour de la gare; heureusement le tir de l'artillerie ennemie est inefficace. Nous ne comprenons pas que les Bulgares, qui ont du 120 dans la région (ils ont tiré sur le Kara Hodzali), ne fassent pas l'impossible pour le mettre en batterie de manière à bombarder la gare.

Le 260° occupe sans difficulté Kosarka et Ibirli. Une vingtaine d'irréguliers bulgares ont tiré des coups de fusil pour retarder sa marche afin de laisser à la population le temps de se sauver et d'emmener le bétail.

26 novembre. — La neige tombe en flocons pressés. Que de souffrances pour les troupes et de difficultés pour les mouvements!

Dans la nuit arrive un nouveau télégramme de l'Armée, assez rassurant. La situation est bonne à Salonique. Le mouvement de repli doit être exécuté avec la plus grande célérité, mais avec méthode et calme. Inutile d'envoyer du monde tout de suite en arrière du défilé. Mais le mauvais temps fait déjà sentir son effet; la voie se trouve encombrée par un train que la neige a mis en détresse, de sorte que nous ne pouvons en faire partir que deux en tout.

Nous continuons à recevoir des déserteurs bulgares; ils sont fatigués et mal nourris : on leur donne, disent-ils, un pain de 225 dramas (600 grammes) par jour pour trois hommes; ils ne touchent que du maïs; ni haricots, ni fèves, ni pois chiches. La viande est très rare : les plus favorisés ont, deux fois par semaine, deux moutons à se partager entre 400 hommes; on en fait un bouillon sans sel : le sel manque absolument. Certains ne mangent que de la chèvre, d'autres n'ont pas touché de viande depuis dix jours (1).

---

(1) Voici, à titre documentaire, la traduction du carnet de route d'un sous-officier (chef de section) de la 7ᵉ compagnie du 45ᵉ régiment de réserve, tué à l'attaque de la position du Kara Hodzali le 3 novembre 1915 :

« Le 9/22 septembre fut décrétée la mobilisation; le 11/24 nous partîmes de Tirnovo pour Bourgas où nous arrivâmes le 26;

Ils disent avoir déserté pour échapper aux souffrances qu'ils endurent. Même chez ceux qui sont
habillés et équipés à neuf, les chaussures sont

nous y restâmes jusqu'au 28, campés sous la tente. Le 28 au
soir nous fûmes embarqués en chemin de fer pour Kustendiel
où nous parvînmes le troisième jour après le diner. Le soir
même nous fûmes mis en route vers le massif Sultan tépé. Nous
passâmes la nuit sur une montagne; il faisait très froid et nous
étions très fatigués. Le lendemain, nous modifiâmes la direction
de notre marche et prîmes plus à droite... A midi, nous atteignîmes la frontière et aperçûmes le 46ᵉ régiment déjà installé.

« Le 1/14 octobre, à midi, le feu fut ouvert et nous marchâmes
de l'avant. A notre gauche était le 46ᵉ de réserve et à notre
droite le 29ᵉ actif... Toute la nuit le 46ᵉ se battit... La pluie et
la neige ne cessèrent de tomber et il faisait très froid... Le 4/17,
nous passâmes la nuit sur une hauteur. Le lendemain soir, nous
nous installâmes au bivouac près d'un village. Il n'y avait pas
de pain, mais les soldats prirent des moutons aux paysans et
les firent cuire (6/19)... Le 7/20, nous repartîmes et traversâmes
une rivière dans un terrain très escarpé... Nous passâmes par
un monastère serbe où se trouvait un pope qui cachait une
trentaine de Serbes; on s'en empara, puis on les relâcha pour
nous faire cuire du pain... Le 9/22, nous reçûmes un pain pour
huit et de la soupe maigre. Le 23 nous passâmes la rivière Gainja.
Je tirai là sur un Serbe qui ne voulait pas se rendre et nous
l'enterrâmes... Nous passâmes la nuit près du village de Sopat...
Le lendemain nous nous dirigeâmes vers Vakscina (nord de Kammanovo) où nous couchâmes. Il s'y trouvait beaucoup de tabac;
nous prîmes tout. Nous entrâmes ensuite dans la ville de Kammanovo où nous restâmes deux heures; puis, on nous en fit
sortir pour camper sur une hauteur voisine et le soir, comme
il n'y avait pas de pain, nous mangeâmes des poireaux crus.
Le 12/25, nous revînmes à Kammanovo où nous logeâmes...
Nous partîmes pour Ichtib le 26 octobre. Nous eûmes beaucoup
de difficultés, car il y avait beaucoup de boue, et nous marchâmes
jusqu'à dix heures du soir. Heureusement nous passâmes une
excellente nuit dans le village Saint-Nicolas (Klisoli)... Le 15/28,
après avoir traversé le village Seurnitcha, nous arrivâmes à Ichtib,
où nous ne pûmes trouver de logement. Nous campâmes sur
une hauteur voisine au milieu des vignes; nous étions très fati-

usées; la plupart des hommes que nous voyons portent le soulier bas, à bout recourbé, qui est la chaussure nationale.

Les officiers traitent les hommes avec une brutalité toute allemande. Ainsi, sur la route de Sofia à Istip, des soldats tombant de fatigue ont été relevés à coups de crosse; quelques-uns ayant refusé de marcher ont été abattus à coups de revolver. Il est avéré que des troubles ont eu lieu au moment de la mobilisation; on parle même de corps qui se seraient mutinés.

Presque tous avouent une grande répugnance à se battre contre les Russes et les Français. Bien qu'il y en ait parmi eux un certain nombre qui ont pu puiser l'amour de la France dans les collèges français des Assomptionnistes de Philippopoli et de Varna, — ceux-là viennent à nous en se disant catholiques, — il ne faut pas attacher plus d'importance qu'il ne convient à ces déclarations intéressées. Je préfère cette réponse que nous fit un blessé : « Nous sommes des soldats et non des diplomates. Nous marchons contre les Russes si nos officiers nous disent de marcher. » Le gouvernement bulgare a tout mis en œuvre pour

gués. Le 16/29, nous nous remîmes en route et descendîmes dans la vallée de Lengadina (Lakasnitsa) et traversâmes le village de Stapentsa (Stapence) d'où nous gagnâmes la hauteur voisine. Le terrain était d'ailleurs très escarpé et c'est avec beaucoup de difficultés que nous atteignîmes le village de Patrick. Le soir, nous fûmes envoyés en soutien. »

monter le peuple contre la Russie ; on lui a fait croire que ce sont les agissements de la Russie qui ont empêché la Bulgarie d'annexer la Macédoine et de recueillir ainsi le fruit légitime de son effort militaire contre la Turquie. C'est elle aussi, disent les Bulgares, qui, au cours de la seconde guerre balkanique, a provoqué l'intervention armée des Turcs et les a poussés à reprendre Andrinople.

Tous nourrissent une haine violente contre les Serbes, et ne demandent qu'à se battre contre eux : la guerre contre la Serbie est la guerre sainte ; le mot d'ordre est : pas de quartier pour les Serbes. Voici en quels termes un journal bulgare (1), trouvé sur un déserteur, s'adresse aux soldats : « Faites tout votre devoir. Achevez de rendre cette Macédoine endeuillée à la mère patrie. Châtiez le peuple parjure qui, deux années durant, sema la mort et la désolation dans nos belles vallées macédoniennes, et qui, pour la satisfaction de son incommensurable orgueil, déchaîna sans remords le plus effroyable des cataclysmes qu'ait enregistrés l'histoire du monde ! La reprendre, la Macédoine, c'est votre sol, vos coutumes et vos arts que vous reprendrez. » Tous les déserteurs s'accordent à dire que jamais ils ne se rendraient à un poste serbe, de peur d'être massacrés : crainte justifiée. Par

____

(1) *Écho de Bulgarie* du 10 novembre.

contre, ils prétendent que la seule chose qui empêche leurs camarades de se rendre en masse aux Français, est la peur d'avoir en face d'eux des troupes noires, qui ne font pas de prisonniers. Il est vrai que dans les régiments de la division Bailloud, il y a quelques nègres des Antilles. Mais les Bulgares ne sont pas tenus de savoir que ces électeurs n'ont rien de commun avec les fameuses troupes noires.

Rien ne peut donner une idée de la haine qui règne entre Serbes et Bulgares; nous venons encore d'en avoir un exemple : les comitadjis serbes que nous employons veulent brûler les villages de la rive gauche du Vardar, Voysan, Ibirli, Celevec, sous le prétexte que la population est bulgare. Ils ont déjà commis un certain nombre d'assassinats (1), qu'ils décorent du nom d'exécutions, et ils opèrent en territoire serbe, sur des sujets serbes. Que serait-ce en pays ennemi? Que les Macédoniens de la région que nous occupons aient des tendances bulgares, c'est incontestable. Quand nous sommes arrivés, les Serbes nous ont dit que dans le pays il n'y avait pas d'autres Serbes que les fonctionnaires. Un d'eux a même ajouté : « Et ils ont ici la même situation que les fonctionnaires allemands dans votre Alsace-Lorraine. »

(1) Ou exécutions préventives, destinées à répandre la terreur, telles que les Allemands les ont pratiquées en Belgique et en Lorraine.

27 novembre. — La neige continue à tomber. Le vent l'amasse dans les creux; la circulation doit être difficile dans la montagne. C'est heureux pour nous, car cela protège notre gauche et nos derrières contre ce mouvement des Bulgares que la division voisine paraît tant redouter. Dans l'idée du général, le détachement qu'il a envoyé au sud (8ᵉ chasseurs d'Afrique, 58ᵉ bataillon de chasseurs) a surtout une mission de reconnaissance et de renseignement; il n'est pas assez fort pour résister. Aussi se décide-t-il à envoyer un régiment (284ᵉ) et deux batteries à Prezdovo; le mouvement, qui se fera le 29, n'a aucun des inconvénients qu'aurait présentés celui d'une force importante poussée vers le sud, puisqu'il achemine un régiment vers le point final de Demir Kapu et rentre ainsi dans le plan général.

Malgré la neige, j'essaie d'employer l'auto pour aller à la gare de Krivolak. Des milliers d'alouettes couvrent la route; elles ont été surprises par le froid, qui est exceptionnel, paraît-il, dans la région. Elles cherchent sur la piste boueuse tracée dans la neige quelque chose à picorer et s'envolent sous les roues de la voiture pour se reposer dès qu'elle est passée.

L'auto roule tant bien que mal. Au pied d'une petite côte, elle s'arrête, impuissante à monter; les pneus patinent; plusieurs fois elle se lance avec un grand bruit de moteur, mais en vain; elle donne l'impression d'un animal essoufflé. Il faut descendre et continuer à pied. Dans les bivouacs, les animaux ont l'air en bois; le dos tourné au vent, les quatre pattes ramenées sous eux, la queue entre les jambes, sans un mouvement, on les dirait gelés.

Je croise des colonnes sur la route; elles évoquent les estampes représentant la retraite de Russie; les hommes avancent lentement dans la neige qui tourbillonne, beaucoup s'appuient sur une canne; ils ont sous le casque le passe-montagne tricoté; un épais cache-nez leur entoure le cou; la neige s'est amassée dans les plis des capotes, sur les sacs, sur le chargement des chevaux et des mules; de gros flocons accrochés dans les crinières et les queues les font paraître herminées.

En arrivant à l'étape, les troupes ne trouveront pas d'abri; elles dresseront les tentes sur la neige. Pour diminuer leurs souffrances, le général ordonne que l'on emploie dans la plus large mesure le cantonnement, jusqu'alors interdit par raison d'hygiène; on s'installera dans les maisons, dont on expulsera au besoin les habitants. Elles seront désinfectées au moyen de la fumée, en y faisant brûler de la paille et du foin.

Nous ne pouvons expédier que cinq trains, et encore avec bien de la peine; les wagons vides ne remontent pas; les Grecs, paraît-il, les retiennent à Salonique.

D'autre part, un télégramme de l'Armée confirme que, le chemin muletier entre Demir Kapu et Strumiça ne pouvant être transformé en temps utile en un chemin praticable aux arabas, toutes les voitures et toute l'artillerie, excepté les batteries de montagne, devront être évacuées par la voie ferrée.

Dans ces conditions, il faudra recommencer à charger à Demir Kapu le matériel qu'on y a débarqué. Mieux vaudrait faire filer directement sur Salonique tout ce que l'on pourrait sans compromettre la résistance.

28 novembre. — La neige a cessé de tomber; le ciel se découvre et le froid devient plus vif. Sur la route de Krivolak, aux alouettes se sont joints de nombreux pigeons ramiers; si farouches en temps habituel, ils s'envolent à peine pour laisser passer l'automobile. La gelée rend le chemin plus roulant, mais sur les pentes, le verglas fait patiner les roues, garnies de pneus lisses. Où sont les pneus cannelés et cerclés de chaînes que nous avions dans les Vosges, et grâce auxquels on montait et descendait par tous les temps les lacets des chemins de montagne ?

Le docteur Ligouzat, qui met au service de son dévouement une activité jamais lasse, est allé visiter le 372ᵉ au Kara Hodzali; il nous rapporte ses impressions. Les souffrances des hommes sont

grandes : le thermomètre est descendu à 22 degrés
au-dessous de zéro. Le vent rend le froid intolé-
rable ; il fait tourbillonner la neige, qui comble les
tranchées et les boyaux, et pénètre jusque dans
les abris ; en travaillant jour et nuit, on n'arrive
pas à les déblayer ; des portions de tranchées,
dégagées au prix d'un dur labeur, sont de nouveau
comblées en quelques instants par une rafale.

La neige, soulevée du sol en poudre très fine,
aveugle littéralement les sentinelles forcées de faire
face à la direction du vent, et rend toute observation impossible. Les cils sont perlés de glaçons, la
capote devient en quelques minutes une chape
hérissée d'aiguilles de glace. Des hommes vigou-
reux pleurent dans la tranchée, à la fois de dou-
leur et de rage de se sentir à bout. Les jeunes
gens arrivés avec les derniers renforts sont les
plus atteints. Sous la tempête de neige, quelques-
uns erraient comme des fous. Le colonel Thomassin, qui accompagnait le docteur, en rencontre un :
« Où est votre fusil? — Là-haut. — Allez le chercher. » L'homme s'en retourne comme un auto-
mate. Un autre se plaint : « Mes parents sont à
Lille, qu'est-ce que je viens faire ici? » Les anciens
du régiment, des réservistes de trente à quarante
ans, mariés pour la plupart, les réconfortent et les
aident paternellement : « Allons, gosse, donne-
moi ton fusil et va te chauffer au brasero. Tu
reviendras dans vingt minutes. »

Le ravitaillement, qui a toujours été difficile et ne peut se faire que la nuit sur une partie du parcours, est devenu extrêmement pénible. Dans la partie basse du versant exposée au soleil, les animaux enfoncent dans la boue malgré les empierrements ; dans le haut, ils ne peuvent pas se tenir à cause du verglas. A chaque montée, quatre ou cinq roulent en dehors du chemin, quelques-uns plusieurs fois. La veille, un mulet tombé dans un trou plein de neige n'a pu être remis debout qu'après quatre heures de travail.

Malgré tout, l'esprit des hommes reste excellent ; parmi les malades, peu se font évacuer et descendent de bon gré ; presque tous demandent à rester. Le nombre des accidents causés par le froid est plus que double de celui des évacuations, qui sont faites seulement dans les cas pouvant entraîner des suites graves.

Le général donne des ordres pour qu'on monte à ces braves gens du bois de chauffage, pris sur l'approvisionnement que les autorités serbes ont formé à Kavadar. Il prescrit aussi de diminuer de moitié l'effectif maintenu aux avant-postes sur la montagne, le mauvais temps rendant improbable une attaque de l'ennemi. Les unités ainsi relevées iront cantonner à Pepeliste.

29 novembre. — Belle journée ; à midi le soleil est si ardent qu'on en est gêné dans les chambres ;

mais à 5 heures du soir, il gèle à 8° au-dessous de zéro.

On continue à razzier tout le bétail du pays pour qu'il ne tombe pas aux mains des Bulgares. Ceux des officiers qui ont pratiqué l'opération au Maroc disent qu'on s'y est pris maladroitement; comme on n'a pas cerné les villages, une partie des habitants ont eu le temps de faire filer leurs bêtes.

CENSURÉ

Des groupes de Turcs viennent réclamer à Negotin. Un vieux à barbe blanche, nez droit, de beaux yeux bleus profondément enfoncés sous d'épais sourcils, implore pour qu'on lui rende une partie de ce qu'on lui a pris : sept bœufs, une vache et son veau, cinq ânes, cinq moutons. Il parle avec une vive émotion, nous baise les mains, le pan de nos manteaux. Le général concède qu'on laissera aux gens le tiers de leur bétail. Jamais ils n'auront été si doucement traités.

A Negotin, les moutons et les chèvres, parqués

dans une cour sur la neige sans rien à manger, bêlent désespérément. Comme on fait observer au sous-intendant qu'il risque de voir mourir de faim la moitié de son troupeau, il répond tranquillement : « Oh! ces bêtes du pays, elles sont bien habituées; elles ne mangent jamais davantage. » Il exagère.

Nouvelle lettre de la division voisine pour attirer notre attention sur le danger qui nous menace du côté du sud-ouest (1). Il existe, partant de la région de Strigovo sur Radina et de là sur Petrovo et sur Guevgueli, c'est-à-dire en arrière de notre zone de réunion prochaine, un réseau de bons chemins muletiers. De Radina, les Bulgares peuvent être en une marche sur nos derrières, à Petrovo ou même à Guevgueli, avant que nous-mêmes, par la ligne du Vardar, ayons pu atteindre cette région. Il est donc essentiel de renforcer le détachement du sud de manière qu'il puisse étendre son action jusque vers Radina. Dracevica devrait être occupé par le détachement de Prezdovo.

Les évacuations par chemin de fer continuent, mais lentement, toujours par suite de la pénurie de wagons plats. Pour y remédier, on embarque dans les wagons couverts tout ce qu'on peut, jusqu'à des caissons d'artillerie et des arabas.

Il nous reste encore à enlever les convois de la

(1) L'événement a montré à quel point ces vues étaient justes.

122ᵉ division, son groupe de brancardiers, les automobiles sanitaires, deux sections de munitions, tous les trains régimentaires, les quartiers généraux des deux divisions, soit une quarantaine de trains. Tout le matériel de l'aviation est enfin parti, non sans de petits drames : les aviateurs sont très exigeants et se plient difficilement aux règlements. « Ce sont des artistes, dit le général, des dilettantes. Il faut les traiter en conséquence. »

Heureusement, les Bulgares ne nous inquiètent pas encore; la neige entrave leurs mouvements dans la zone montagneuse par laquelle ils peuvent nous tourner.

30 novembre. — Ce matin, le thermomètre marque 14° au-dessous de zéro dans la cour. L'absence de vent rend ce froid supportable.

Le général, qui sent l'urgence de précipiter le mouvement, décide, pour hâter l'évacuation de Krivolak, que les voitures qui restent iront par la piste à Demir Kapu, où elles seront embarquées. Dans trois jours, nous aurons donc fini à Krivolak. Le repli des troupes commencera le 3 décembre à la nuit. Le général arrête lui-même le détail du mouvement pour toutes les unités. Il organise sur chaque rive une tête de pont, tenue par trois bataillons et des batteries. Deux autres bataillons et le groupe des escadrons à pied occupent les hauteurs à l'ouest du défilé, pour protéger l'écoulement des trains et des troupes contre l'attaque de flanc si menaçante.

Les Serbes se montrent pressés de partir. Il y a trois jours, ils nous ont demandé des wagons pour emmener les fonctionnaires, leurs familles et les jeunes gens capables d'être enrôlés par les Bulgares : cinq cents personnes environ. Nous leur en donnons tous les jours un certain nombre. Ils reviennent à la charge et ont même fait intervenir le général en chef. Leur hâte se comprend, car l'occupation bulgare suivra de près notre départ. Tous ces gens passent par Negotin pour aller s'embarquer à Krivolak; c'est, dans la neige fondante, un défilé de petits ânes chargés de gros ballots; sur des chars à bœufs sont entassés les meubles et ces coffres décorés d'ornements rouges et verts et d'applications métalliques qui sont d'un usage courant dans le pays. On voit aussi de vieilles victorias, couvertes de boue, sautant sur leurs ressorts cassés, traînées par des chevaux étiques.

Grande émotion à Kavadar. Des déserteurs rapportent que les Bulgares préparent des passerelles pour franchir la Cerna. En même temps, un gendarme serbe complètement ivre dénonce un complot fomenté chez ses camarades pour mettre la main, pendant la nuit, sur le général de division et son état-major. On ne le croit pas tout d'abord, mais on prend des précautions et on enquête. Un camarade donne des précisions ; le fait paraît assez certain pour que trois des suspects soient fusillés. C'étaient des Autrichiens plus ou moins Slaves, faits prisonniers en décembre 1914, que les Serbes avaient dits être Serbes et avaient enrôlés à ce titre, sans s'assurer si leurs sentiments répondaient à leur nationalité prétendue.

CHAPITRE VI

1ᵉʳ décembre. — Le temps s'adoucit, il dégèle un peu. Le Quartier Général part pour Guevgueli, où nous espérons le rejoindre dans sept ou huit jours.

Huitième journée d'embarquements : nous faisons partir le cinquante-deuxième train ; la moyenne dépasse six par vingt-quatre heures, malgré tous les obstacles qui sont venus se mettre en travers de l'opération. Mais quel labeur pour embarquer des voitures d'artillerie la nuit, dans une gare qui n'est pas éclairée ! Une fois on a essayé d'allumer une lampe à acétylène ; les obus sont arrivés aussitôt, comme des papillons qu'attire la lumière. Déprimés par le froid et le mauvais temps, éreintés de fatigue, les hommes rendent mal. Les batteries qui viennent des hauteurs de la rive droite de la Cerna ont des difficultés incroyables pour sortir de leurs positions, sans chemins, dans des terres détrempées par la neige fondue.

A Salonique, on paraît moins tranquille; un télégramme nous invite à accélérer le mouvement pour pouvoir sans désemparer continuer le repli au delà du front de Gradec. Craindrait-on une attaque dans notre flanc? Quoi qu'il en soit, nous ne pouvons pas aller plus vite du moment qu'on nous impose un arrêt à Demir Kapu. Le seul moyen de hâter le mouvement serait de faire filer les deux divisions sans arrêt, sous la protection de l'arrière-garde.

3 décembre. — Le général part à cheval pour Demir Kapu. Tout doit être fini ce soir. Comment y arrivera-t-on? Autour de la gare s'entassent encore de nombreux bivouacs, convois, ambulances, batteries. Nous nous demandons par quel tour de force tout cela pourra être enlevé dans la journée. Il le faut pourtant, car le repli des troupes doit commencer à la nuit. Dès qu'elles auront lâché le Kara Hodzali et Pepeliste à notre droite, nous pouvons recevoir des coups de fusil de la rive gauche du Vardar. D'autre part, vingt kilomètres seulement nous séparent de la Cerna. Par conséquent, si les Bulgares, comme on le dit, ont préparé des passerelles, leur cavalerie peut être à la gare au milieu de la nuit.

Un beau temps nous favorise. Les embarquements continuent; les sapeurs du 5ᵉ génie mènent leur ingrate besogne sans bruit, avec une intelligence, un zèle, un dévouement qui font depuis le début notre admiration.

Voici un détachement qui arrive à la gare; un champ de choux s'est trouvé sur sa route et chaque homme a le sien; les malins le portent dans leur casque, tenu par la jugulaire comme un panier à salade. Sur une automobile s'entassent des poêles avec leurs tuyaux; des arabas sont chargées de bois : on ignore ce que l'on trouvera plus loin comme ressources; d'ailleurs, il ne faut rien laisser à l'ennemi. Des cuisiniers passent, portant le matériel d'une popote d'officiers; puis des secrétaires d'état-major, lourdement chargés avec des cantines, des caisses à archives, leur inséparable machine à écrire. Ils s'installent gaiement sur un truc où sont déjà trois arabas, et en route pour Demir Kapu comme dans une « baladeuse » de tramway. Un beau soleil brille et on les félicite de cette manière agréable de faire le trajet au lieu de rouler péniblement sur la piste boueuse.

J'entends des cris : quelques fonctionnaires serbes avec leur famille ont chargé leur mobilier sur un truc; des sapeurs du génie le débarquent malgré leurs protestations : tous les wagons doivent être réservés aux besoins militaires. Une femme pleure à grand bruit et se tord les bras parce qu'on l'empêche de partir; elle redoute les pires attentats de la part des Bulgares. On lui fait entendre qu'ils ne sont pas encore là et qu'on ne la laissera pas en danger. Cette malheureuse s'est échappée de Belgrade, où elle a subi le bombardement; elle a fui de ville en ville devant l'ennemi et était venue échouer à Kavadar, où elle croyait être tranquille.

Un Turc amène ses deux femmes, vêtues d'une robe noire avec une sorte de pèlerine. Mais pourquoi ont-elles, pour patauger dans cette boue liquide, l'une des bas blancs, l'autre des bas roses, dans des souliers découverts? L'une d'elles porte sur ses bras un bébé de quelques mois. Je m'approche et caresse le petit qui sourit. La mère détourne la tête et colle contre le wagon sa figure voilée. Des soldats échangent leurs impressions : « Faut pas leur en vouloir à ces femmes, c'est leur religion. »

Je déjeune avec le général Quais et les camarades de la 114ᵉ brigade. C'est le dernier repas qu'ils prennent dans cette gare, où ils sont depuis le 19 octobre. A midi, ils passent sur la rive gauche du fleuve; le général réunit ses colonels pour leur donner ses dernières instructions et va prendre la direction du mouvement de repli.

Tandis que le pont volant les porte rapidement sur l'autre rive, je remonte le long du Vardar quelques centaines de mètres pour prendre un

peu de repos loin de l'agitation qui règne à la
gare. Après la neige et les grands froids des jours
précédents, il fait aussi bon au soleil que le 27 octobre, jour de notre arrivée. Assis au bord du
fleuve, bien abrité du vent par le talus du chemin
de fer, à travers le bruit continu des flots qui cou-
lent sur le barrage, j'entends le murmure, aussi
doux que la soie qu'on froisse, que fait l'eau dans
les remous; arrêtée par je ne sais quelle force
invisible, elle se met à tourbillonner, enroule et
déroule ses moires, se creuse, puis repart, em-
portée dans la masse du courant. Derrière moi,
Krivolak sur son promontoire; devant, de l'autre
côté du Vardar, Pepeliste; son minaret svelte
s'élance sur le ciel blanchâtre au-dessus des collines proches qui bornent aujourd'hui la vue, la
brume masquant les montagnes. Les toits et les
murs sont si gris que, malgré le soleil qui les
éclaire en plein, ils se détachent à peine du terrain. Je pense aux jolis villages de nos provinces
françaises, dont les maisons blanches sous les
tuiles rouges piquent des taches si claires dans
nos campagnes. A droite, le soleil tend sur le
fleuve une nappe brillante, éclatante comme un
métal en fusion, dont la coulée semble absorber
toute la lumière du paysage. Au loin, du côté de
la Cerna, le canon bulgare roule sans arrêt; l'écho
répercute longuement les sons comme dans les
Vosges. De temps à autre, des obus tombent près

de la gare. Ceux qui éclatent ne font guère plus de bruit qu'un coup de fusil; ils entament à peine le sol. Les hommes en plaisantent; ils ne se doutent pas de la situation critique où nous pouvons nous trouver dans quelques heures.

Même jour, 4 heures après midi. — L'heure est arrivée de couper la communication entre les deux rives du Vardar. On démolit les « portières » qui formaient les ponts volants, faites de deux bateaux accouplés et reliés par un plancher. Les bateaux, qui sont venus de Salonique par le chemin de fer, ont un tirant d'eau trop fort pour pouvoir descendre le fleuve; faute de temps et de wagons pour les emmener, on va les détruire. Des Turcs, habitants de Krivolak et de Pepeliste, travaillent à les décharger; ils enlèvent, pour le porter à la gare, tout le matériel, poutres, madriers, cordages. Tous vêtus de même, en rouge, bleu, brun, ils ont l'air de soldats en uniforme. Dociles aux ordres d'un sapeur qui les commande assez rudement, une équipe de neuf, enfants, hommes, vieillards, chargent sur leurs épaules inégales une longue poutrelle. Ils n'ont pas pris soin de se placer en alternant de part et d'autre du fardeau, si bien qu'ils marchent de travers, poussés par son poids. Le chef s'en aperçoit : « Ils se mettent tous du même côté; tas de c...! », dit-il avec le dédain que nos soldats ont toujours à l'égard des indigènes.

Les bateaux sont vides, il n'y a plus qu'à les couler pour qu'ils ne puissent pas servir à l'ennemi. On va les percer d'un coup de hache ou de pioche. Mais un sapeur découvre que ce sera bien plus amusant d'y lancer des grenades, dont l'explosion les défoncera. Justement il en reste deux caisses. L'officier chargé de la destruction exprime quelques réserves ; il serait plus simple d'y donner un coup de hache :

— N'ayez pas peur, mon lieutenant, on ne veut pas les manquer.

Il cède ; ne faut-il pas laisser aux hommes un peu de détente, après les quatre semaines qu'ils ont passées sur le fleuve nuit et jour, par la tempête et la neige, à transporter d'une rive à l'autre vivres, canons, munitions, fantassins, canonniers, mulets ? Les voilà joyeux comme des enfants, comme toutes les fois qu'on leur permet de détruire, qu'il s'agisse de razzier des troupeaux ou d'abattre les plus beaux arbres des forêts d'Alsace.

Deux sapeurs retiennent le bateau :

— Lâche la commande, pousse l'arrière.

Rendu libre, il se détache de la rive et file dans le courant. Au sergent l'honneur de la première grenade ; lancée d'une main sûre, elle tombe au milieu. D'autres suivent. Une explosion : des morceaux de fonte et des éclats de bois montent en l'air. « Il a son compte », disent les hommes. Les autres explosions se produisent dans le fleuve où sont tombées les grenades. Elles soulèvent de belles gerbes d'eau.

— Visez en avant du bateau : l'explosion sous le fond le fera sauter.

— Oh! il ne veut pas aller loin.

Et, pour l'achever, ils courent le long du rivage et redoublent de grenades. La victime se balance, prise en travers par le courant; elle enfonce peu à peu : c'est l'agonie. Le flot arrive au niveau des bords, les enveloppe, les baise longuement, puis engloutit sa proie. Le fleuve se teinte de rose et de vert pâle aux reflets du ciel où meurt la lumière, le soleil a disparu derrière la crête dentelée des montagnes, la nuit tombe. C'est fini. La caisse à grenades elle-même est jetée à l'eau.

« Il y en a du matériel au Vardar », dit un sapeur en manière de conclusion. Et des hommes aussi, hélas! Plusieurs ont été précipités dans le courant par un choc, ou emportés dans un bateau qui a sombré. Mais ceux qui restent ne s'en soucient guère, tout à l'impression du moment.

Quelques coups de canon sur le Kara Hodzali; on entend la fusillade; c'est le repli qui commence. Serait-on suivi par l'ennemi? Du côté de la Cerna, toujours le même roulement. Personne ne s'émeut.

« Ça tape de tous les côtés. Heureusement qu'ils ne sont pas si méchants que les Boches; nous ne serions plus à la gare. »

A 18 heures on songe à dîner. Mais où et comment? la gare est entièrement déménagée. Le chef de bataillon Ollivier, commandant les compagnies du 45° qui restent, se fait l'aimable amphytrion des isolés en rupture de popote. On retrouve une table dans une petite salle; nous nous asseyons autour sur des caisses vides. Pas d'autre éclairage que l'obscure clarté que donne une lanterne « tempête (1) ». Comme vaisselle, une écuelle d'étain pour chacun. Le mouton indigène fait tous les frais du repas sous forme de rognons comme entrée, puis de gigot comme rôti. Nous en mangeons presque tous les jours; il alterne avec le bœuf congelé d'excellente qualité que distribue l'intendance.

Pas de bon dîner sans l'accompagnement d'un coup de téléphone. Entre nos deux plats de mouton on nous a annoncé de Guevgueli la montée d'un train vide. Heureuse nouvelle. Pressons les embarquements. Voici errant le long du train, dans l'obscurité, les femmes turques de ce matin. Je leur fais donner une place sur un truc, où se trouve l'automobile du général Gérôme. Elles y montent avec leur bébé et leurs provisions. Quelques minutes après, elles sont de nouveau sur le quai avec leur mari; le groupe paraît fort en peine. Le

____

(1) C'est la lanterne à verre épais et courbé, cerclée de gros fils de fer, qu'emploient la nuit les charretiers. Elle s'éteint peut-être moins souvent que les autres par le vent.

chauffeur a jugé bon de les faire descendre, estimant sans doute que leur compagnie n'était pas sûre ou pas honorable pour la « voiture du général ». J'use de mon autorité et les fais remonter. Cette fois elles ne sont plus effarouchées comme le matin, et rient aux éclats du plaisir de se voir sauvées, si grande a été leur angoisse de rester après notre départ. C'étaient les femmes du commissaire de police de Kavadar. Je retrouve aussi, installée sur un wagon plat, avec plusieurs de ses compatriotes, la femme serbe que j'avais vue si désespérée; elle me raconte, en allemand bien entendu, ses malheurs depuis le commencement de la guerre. « Mein susser Belgrad, meine susse Serbien », dit-elle. (Mon doux Belgrade, ma douce Serbie.)

L'avant-dernier élément à embarquer est une batterie. Cela ne va pas vite. Le capitaine, un grand barbu, parle très fort, entouré de ses lieutenants.

— Qu'on me donne un train du type régulier, crie-t-il, et je charge ma batterie en quarante minutes. Mais on me fait charger par moitié, par tiers...

— Vous chargerez par quart, s'il le faut. L'essentiel, c'est de filer d'ici. Vous vous recollerez à l'arrivée.

Il se radoucit et convient qu'il avait tort. Pendant ce temps, les équipes d'embarquement travaillent ; les hommes sont appliqués aux roues, d'autres soutiennent le timon. Pour obtenir un effort simultané, le sous-officier commande : *Atten-tion...* Deux secondes après part le commandement de : *Ferme*. Alors tous font effort à la fois, et le canon est poussé sur le truc. Avec lui, on charge un avant-train, et puis un arrière-train de caisson ; un chargement bien fait comporte trois essieux par truc ; on y arrive par un engerbage ingénieux.

Les chevaux entrent sans peine dans leurs wagons ; ils ont déjà tant voyagé ! Mais leur docilité ne leur épargne pas les jurons des conducteurs.

Après la batterie, on embarque le bataillon, notre dernier élément de protection. La fusillade a complètement cessé sur la rive gauche du Vardar. Du côté de Voysan flambent de grands incendies : sans doute des approvisionnements que l'on n'a pas emportés et que l'on brûle.

Les heures semblent longues dans la salle où nous venons de temps en temps nous abriter contre le brouillard glacial, assis sur des caisses vides. Impossible de se chauffer ; le poêle a été enlevé. Nous nous inquiétons de la canonnade entendue dans la soirée du côté de la Cerna. Pourvu que les Bulgares n'aient pas réussi une attaque de vive force ! Un lieutenant du 45ᵉ apporte des nouvelles. Les avant-postes ont vu des colonnes descendre de Sirkovo sur Kamendol et de Gradsko sur Musenci. Une fraction ennemie a même passé la rivière, peut-être à la nage, entre Ribarci et Monastir.

— Mais, puisqu'on les a vus, comment n'a-t-on pas tiré dessus pour les arrêter?

— On ne leur voyait que la tête.

— Que sont-ils devenus?

— Ils se sont blottis dans un petit bois au bord de la rivière, et une mitrailleuse les a tous détruits!

— Comment le sait-on? Une mitrailleuse ne détruit pas une troupe couchée qu'on ne voit pas.

L'essentiel est qu'ils n'aient pas été suivis par d'autres. Les pertes causées par la canonnade ont été insignifiantes, et, la nuit venue, nos troupes ont lâché leurs tranchées sans difficulté.

Enfin tout ce qu'il y avait dans la gare comme unités constituées est enlevé. Un train de « ramasse » recueille le matériel restant. Les sapeurs démontent les appareils téléphoniques qui, jusqu'à la dernière minute, nous ont tenus en liaison avec l'arrière. A 3 heures du matin, nous partons après avoir fait sauter les aiguillages, le réservoir à eau, et mis le feu au quai de bois, de manière que l'ennemi ne puisse pas de longtemps se servir de la gare.

C'est la première étape de la retraite. Pendant ce temps-là, les troupes exécutent les mouvements prévus. Celles de la rive gauche viennent s'établir en arrière de la ligne Bistrenci-Dubliani, confiée au 371ᵉ. Le 372ᵉ a quitté les tranchées du Kara Hodzali à la nuit, dans un silence tel que les Bulgares ne se sont aperçus de rien et ne lui ont pas envoyé un coup de fusil. Tout le matériel qui se trouvait dans les tranchées et avait été monté au prix de grands efforts : munitions, fusées, grenades, outils, fils de fer, tôle ondulée, avait été enlevé les jours précédents, malgré les difficultés extraordinaires provenant de l'état des chemins à moitié dégelés ; ils étaient si glissants que les mulets ne pouvaient pas être employés à la descente ; tout était descendu à bras d'hommes jusqu'au point où le sentier devenait praticable aux animaux de bât, et là seulement on les chargeait.

Chacun a mis son amour-propre à ne rien abandonner sur la position, pas même les poêles. Ces braves gens ont dépensé une somme énorme de travail et d'efforts : « Porteurs, conducteurs, gradés, dit le colonel, y ont mis un véritable acharnement. » Il a été fait en une seule nuit jusqu'à deux cents voyages d'animaux de bât, ce qui représente huit cents voyages d'hommes de corvée, porteurs de charges, depuis le piton jusqu'au fond du ravin où les mulets sont chargés. Ces transports ont continué jusqu'au dernier moment, puis les fractions se sont repliées chacune à l'heure prévue, en s'arrêtant pour rendre les honneurs aux tombes des camarades tués pendant la défense de la position et au cours de l'occupation. Quoi de plus émouvant que ce geste dans de pareilles circonstances? Ce sont les hommes qui en ont eu l'idée.

Toute la nuit, la colonne marche dans un terrain très accidenté, coupé de ravins pleins d'eau, sur un mauvais sentier où la neige fondue et la boue causent des chutes fréquentes. Elle arrive à Kuresnica au jour. Malgré ses soixante-trois ans, le général Quais a tenu à partager cette rude épreuve ; il a fait toute l'étape à pied, donnant à tous le plus bel exemple d'endurance. Aucun de ceux qui l'ont vu cette nuit-là ne l'oubliera.

4 décembre. — A 6 heures du matin, le train qui a ramassé le long de la voie des isolés, télégraphistes ou sapeurs de chemin de fer, employés aux destructions, s'arrête à la gare de Demir Kapu. Obscurité, brouillard froid et humide. Tout dort dans la gare. Une rame de wagons vides est rangée devant le quai de bois, construit par nos sapeurs, mais on ne la charge pas. Un officier d'état-major arpente le quai, frileusement engoncé dans son manteau. Qu'attend-il? L'ordre était pourtant de charger dans la nuit deux trains de cent arabas chacun. Encore sous le coup de l'émotion du départ de Krivolak, et dans la fièvre du travail de la nuit, cette inaction nous choque. De son côté, le colonel Clermont-Tonnerre, bouillant comme un jeune homme, secoue, pour les réveiller, les dormeurs étendus sur le plancher de ce qui fut la salle d'attente. Il faut s'y mettre, et sans perdre un instant. Les Bulgares prendront certainement dans la journée le contact avec nos avant-postes; ils se renforceront rapidement, et alors, combien de jours pourrons-nous résister? Deux tout au plus. Il importe donc que le 6 au soir la gare soit évacuée et la voie coupée pour arrêter la poursuite.

Il suffit d'avoir vu ce défilé de Demir Kapu pour se rendre compte combien la situation peut devenir dangereuse, pour peu que l'ennemi se montre pressant. Nos troupes sont des deux côtés du Vardar, sans autre moyen de communiquer entre elles que deux ponts volants qui doivent d'ailleurs être supprimés au cours de la dernière journée. Sur les deux rives, elles peuvent se trouver d'un instant à l'autre aux prises avec un ennemi enhardi par la certitude qu'il a de notre retraite.

Sur la rive gauche, elles n'ont pour se replier qu'un sentier de montagne, par le col de Celevec; de ce côté le fleuve vient battre le pied d'une falaise calcaire haute et abrupte où s'accrochent quelques buissons. Sur la rive droite, s'ouvre la vallée de la Bosava; à 300 mètres en aval de la station, la voie ferrée traverse le torrent par un pont métallique long de 120 mètres. Peu à peu rejetée contre le Vardar par les contreforts de la montagne, elle s'en rapproche jusqu'à le longer, sur un remblai que de gros blocs de rochers protègent contre les assauts perpétuels d'un courant furieux. A un kilo-

mètre de la station, le fleuve s'engouffre dans les
« portes de fer », qui s'ouvrent dans la montagne,
et la voie passe sous le tunnel. L'étroit couloir se
prolonge quelques centaines de mètres, le fleuve
et la voie resserrés entre les murailles à pic. Puis
un mauvais sentier s'amorce le long du chemin de
fer qu'il suit pendant 20 kilomètres, jusqu'à la station de Strumiça, à la sortie sud du défilé. A moitié
chemin, la voie franchit le Vardar, au fameux pont
du kilomètre 113, célèbre par les tentatives de
destruction dont il fut l'objet de la part des comitadjis. C'est un grand pont métallique à dix tra-
vées, les deux extrêmes de 12 mètres, les autres
de 25.

Telle est la seule issue que nous ayons pour
échapper à l'étreinte qui se resserre autour de
nous. Il avait été décidé le 2 que, pour gagner du
temps, les voitures seules seraient embarquées en
chemin de fer; tous les attelages devaient s'en
aller par la piste. Mais, en trois points où cette
piste n'existe pas, sur des longueurs variant de
600 à 2000 mètres, il faut emprunter la voie ferrée,
notamment au passage du Vardar sur le pont du
kilomètre 113. Depuis dix jours déjà, les sapeurs
du génie travaillent à l'aménager en conséquence;
ils répandent du sable sur la plate-forme pour
atténuer les inégalités provenant des traverses et
surtout transforment en ponts routiers les ponceaux et les ponts à claire-voie jetés sur les nom-

breux torrents qui descendent au Vardar. Grâce à
ces travaux, les chevaux devraient pouvoir passer
sans trop de difficultés. Mais des précautions s'imposent pour parer les accidents, car les trains circulent dans les deux sens et leur horaire est trop
irrégulier pour qu'on puisse établir un graphique
combinant les marches des trains et celle des
convois d'animaux. On décide alors de laisser marcher ceux-ci librement; on les fractionne seulement en colonnes longues de 500 mètres au maximum, séparées par des distances de 300 mètres.
Dans chaque section de voie qu'ils empruntent,
leur sécurité sera assurée par un système de signa-
leurs, chargés d'arrêter les trains à l'entrée de la
section lorsqu'une colonne sera engagée sur la
voie, et d'arrêter les colonnes suivantes jusqu'après le passage du train.

Une *Instruction* est rédigée en hâte pour préciser aux corps la manière de préparer l'embarquement de leurs voitures; ils doivent les grouper en
alternant les grandes avec les petites, de sorte qu'il
n'y ait pas de place perdue sur les trucs. Si c'est
nécessaire on les videra, afin de pouvoir mieux les
engerber; leur contenu sera chargé sur le truc à
côté d'elles et entre les roues. Il faut s'ingénier,
car nous disposons seulement de deux rames de
wagons plats; elles font la navette entre Demir
Kapu et Strumiça ou Guevgueli, et, faute d'un personnel suffisant, restent cinq heures en décharge-

ment dans ces gares. Nous n'arriverons pas à faire partir dans les vingt-quatre heures plus de quatre trains, enlevant près de 400 voitures. Sur notre demande, une troisième rame nous est promise, qui activera le mouvement demain, il faut l'espérer.

Il nous est arrivé une *Instruction générale n° 1* réglant le repli des trois divisions sur la région de Salonique. La 156° se repliera sur Guevgueli et de là sur Topcin, à 14 kilomètres de Salonique sur la route de Monastir; la 122° par Smol et Karasuli sur Topcin; la nôtre sur Doiran et Karasuli et de là sur Salonique. Nous passons donc à la droite du dispositif français. Nous y serons en liaison avec la 10° division anglaise qui doit aller à Doiran par Dedeli. Le mouvement de repli commencera seulement lorsque les transports par voie ferrée seront terminés. Il sera couvert par une brigade de la 122° division sur la rive droite du Vardar, dans la région Strumiça-station, Mirovec, Petrovo; et sur la rive gauche, par notre division établie en arrière de la Bojimia. Nous nous retirerons ensuite sous la protection de notre arrière-garde.

Dans la soirée nous apprenons ce qui s'est passé après notre départ de Kavadar et de Negotin. Dès que les Bulgares se sont aperçus que nous avions quitté nos positions, ils ont franchi la Cerna sur plusieurs points à Palikura, Ribarci, Monastirci, Sivec, Vozarci; au petit jour ils se trouvaient en contact avec les patrouilles des dragons. Dès notre départ de Kavadar, trois grands incendies avaient été allumés dans la ville. Signal, ou vengeance contre des habitants qui se seraient montrés trop accueillants pour nous? A 7 heures du matin, notre escadron en partait; à 7 heures 20 un escadron bulgare y entrait. En ce moment, ils sont à Negotin, fouillent les locaux où étaient les bureaux et le logement de l'État-Major, la maison du général, questionnent longuement les gens sur notre compte. Ce serait bien intéressant de savoir comment ils se comportent. Ont-ils fait du mal à la petite fille qui, lorsque le général lui demandait : « Comment t'appelles-tu? » répondait si drôlement sur un ton chantant : « Mademoiselle Anasta...sia »? Il est peu probable qu'ils aient commis des violences sur la population; les fonctionnaires et les rares habitants à tendances serbes sont partis; ceux qui restent veulent être Bulgares. D'ailleurs ils ne paraissaient nullement effrayés par l'approche de l'ennemi.

Inutile de songer à nous procurer d'autres renseignements : jamais les fonctionnaires serbes n'ont pu trouver d'agents dans le pays, et les seules indications qu'on nous a quelquefois fait parvenir étaient fausses et destinées à nous induire en erreur.

5 décembre. — Nuit et journée pénibles. Le brouillard ne cesse pas, retardant encore le lever du jour et avançant la tombée de la nuit en ces tristes journées de décembre où le matin et le soir se touchent de si près.

Le piétinement des hommes et des chevaux a transformé les abords de la gare en un marécage plein de fondrières; la boue noire, tenace, glissante, rend très difficiles les mouvements des voitures; le plus petit trajet devient un supplice; on hésite à faire les cent mètres qui séparent le quai d'embarquement de la masure où loge le général. Elle est bien misérable. Nous y mangeons dans une petite pièce où est installé le bureau et où couche un camarade; son lit sert de banc au moment des repas. Les secrétaires sont en face; pendant que les uns travaillent à la lumière d'une lampe à acétylène qui marche mal, les autres dorment, allongés par terre dans les coins obscurs, éreintés par les veilles; depuis plus de deux semaines, pas de nuit où l'on ne soit plusieurs heures sur pied. Les ronflements font la basse au tic tac irrégulier de la machine à écrire, tandis qu'un poêle de fonte chauffé au rouge dégage une chaleur malsaine.

Le général reçoit du général en chef un télégramme le félicitant pour la manière dont il a conduit la première partie de la retraite : « Je compte, ajoute le général en chef, que vous conduirez de même la nouvelle opération qui vous est confiée pour mettre la 122ᵉ division dans la région Gradec-

Mirovca et la 57ᵉ dans la région du Cinarli. »

La tâche sera dure. L'ennemi avance. De la rive gauche du Vardar, le 371ᵉ voit, de l'autre côté du fleuve, défiler de fortes colonnes. Elles marchent avec une telle apparence de sécurité qu'il ne peut pas croire que ce soient des Bulgares, et, avant d'ouvrir le feu, demande par téléphone si ce ne sont pas nos troupes de la rive droite qui exécutent leur repli. Elles disparaissent dans les ravins, après avoir été dispersées par les obus et le tir des mitrailleuses.

La fusillade n'arrête pas de la journée. Sur la gauche elle se fait plus vive à la tombée de la nuit. C'est le bataillon Bonvalet, du 235ᵉ, qui se trouve là. Stein avait vu dans la matinée le commandant Bonvalet, fumant pipes sur pipes, et en possession d'un excellent moral, bien qu'il sentît sa situation assez risquée, malgré le calme apparent du front. Ses inquiétudes augmentent à mesure que la nuit vient, d'autant plus qu'il connaît l'approche de la colonne bulgare qui a été canonnée de la rive gauche. Il ne voit pas reparaître une reconnaissance d'une demi-section commandée par un officier : elle a dû se faire enlever dans le brouillard. A 16 heures, l'attaque attendue se produit; les avant-postes se replient; un coup malheureux de notre artillerie, tiré malgré le brouillard sur la demande formelle de l'infanterie, tue trois de nos officiers qui se portaient en avant pour préparer une contre-attaque. A 19 heures, en pleine obscurité, le général monte à cheval pour aller voir ce qui se passe. Il revient bientôt; tout s'est calmé. Une fois de plus les Bulgares s'arrêtent après avoir donné un coup de boutoir.

Pendant ce temps-là, une partie des troupes ont commencé à s'écouler et franchi le défilé.

6 décembre. — Nuit calme, les Bulgares ne bougent pas. Mais s'ils reprennent leur attaque, la situation peut devenir intenable d'une heure à l'autre.

En dehors de l'infanterie et des batteries de montagne qui doivent prendre la voie de terre, il reste encore à embarquer la moitié des trains régimentaires de la 114ᵉ brigade; deux sections de convoi administratif, qu'on a dû garder jusqu'au dernier moment pour le ravitaillement; une ambulance, nécessaire aussi pour soigner les hommes blessés dans les combats quotidiens; un groupe de brancardiers; quatre batteries de campagne; enfin, des wagons chargés de munitions et de denrées. Le matériel seul de ces formations fait la charge de sept trains au moins.

Mais l'évacuation de la gare doit être terminée demain avant le jour. Nous disposons donc de vingt heures, représentant quatre trains au plus; encore ce nombre de quatre n'a-t-il été atteint jusque-là qu'en vingt-quatre heures. Pour comble, nous apprenons à 7 heures du matin qu'un éboulement s'est produit sur la voie à la sortie du tunnel, à l'endroit où le génie creuse des puits de mine pour faire sauter le remblai après notre passage.

On avait songé à démolir le tunnel, dont la destruction arrêterait la circulation sur la voie pendant plusieurs mois. Mais, pour le faire, il fallait trois ou quatre semaines de travail, et des quantités d'explosifs dont nous étions loin de disposer. On avait donc dû se rabattre sur une destruction de la voie à un endroit où elle se trouve en remblai entre le fleuve et la paroi rocheuse, opération délicate, car sa préparation risquait de provoquer un effondrement; il s'est produit, et la réparation, assure l'officier du génie, demandera quatre ou cinq heures. Il sera dit que tous les accidents et contrariétés possibles seront venus se mettre en travers de notre mouvement : train bloqué par la neige, déraillement, éboulement, lenteurs de déchargement des trains, manque de wagons par suite de la mauvaise volonté des Grecs à renvoyer les wagons vides.

Inutile de récriminer; le fait est que nous ne disposerons plus que de trois trains. La décision est donc prise de faire filer, non seulement les attelages, mais une partie des voitures par la voie ferrée, employée comme route. Ce n'est qu'un pis aller, car malgré les aménagements exécutés, la circulation y sera certainement difficile. Mais impossible de faire autrement.

Il s'agit maintenant d'intercaler entre les trains ce convoi long de plus de quatre kilomètres, qui ne peut pas se garer comme le feraient des chevaux non attelés. La voie sera réparée vers 10 heures; on nous enverra immédiatement un train de matériel vide. Dès qu'il sera arrivé, c'est-à-dire vers midi, le train qui est chargé en gare partira. On ne pourra pas nous envoyer d'autre matériel avant 17 heures. Nous disposons donc de cinq heures. C'est plus qu'il ne faut pour que le convoi ait franchi le pont du kilomètre 113 : onze kilomètres de trajet, plus la durée d'écoulement, qui ne dépasse pas une heure et demie. Au delà, il n'aura plus besoin d'emprunter la voie.

L'ordre est donc donné sur-le-champ qu'à partir de midi les cuisines roulantes et les voitures à quatre roues seront seules embarquées; toutes les voitures à deux roues et les voitures d'artillerie suivront en colonne la voie ferrée et iront bivouaquer à la station de Strumiça.

Le convoi comprendra toutes les voitures de l'ambulance et du groupe de brancardiers; celles du génie; les trains régimentaires et les échelons de combat des batteries de 75, excepté les forges et les chariots de batteries qui sont trop lourds; deux canons, avec leurs caissons, de chacune de ces batteries, l'autre section étant suffisante pour tenir la place s'il y a combat dans la journée; les trains régimentaires des batteries de montagne; les voitures des convois des deux divisions, moins une trentaine, occupées à porter aux unités de première ligne leurs vivres et leurs munitions.

Voilà donc réglé le mouvement du convoi. Les troupes reçoivent aussi l'ordre pour le repli. L'essentiel est de ne pas se laisser accrocher par l'ennemi. Aussi, le mouvement une fois commencé devra se continuer sans autres arrêts que ceux nécessaires pour faire filer les blessés, le cas échéant. Sur la rive droite, le repli doit être réglé de manière que les derniers éléments aient dépassé le tunnel au point du jour. A l'heure fixée, minuit, toutes les compagnies du sous-secteur de gauche (235ᵉ) quitteront à la fois leurs tranchées sans faire le moindre bruit, et formeront autant de colonnes qu'il y a de chemins pour rejoindre le tunnel; elles le passeront en se serrant. Elles seront suivies par les troupes du sous-secteur de droite (260ᵉ). Le lieutenant-colonel Boigues, commandant ce régiment, est chargé, après s'être assuré que tout le monde est passé, de remettre à l'officier du génie l'ordre de faire sauter les mines.

Sur la rive gauche, le mouvement doit commencer demain à 2 heures du matin; il se fera sous la protection des compagnies qui sont à Kires Tepe et au mamelon de Kuresnica. Mais, vers 11 heures, le 371ᵉ est attaqué; ses tranchées sont canonnées par une batterie placée sur l'autre rive du Vardar, qui les prend de flanc et par derrière. L'effet produit par des coups arrivant dans le dos est très pénible; nos batteries ne peuvent pas répondre, car elles sont déjà parties. Grâce au brouillard, l'ennemi amène deux ou trois bataillons qui se lancent en masse avec de grands cris sur les grand'gardes, les bousculent et poussent d'un trait jusqu'à Dubliani, où la compagnie de réserve est surprise. Ils s'arrêtent devant la seconde ligne. Les tranchées ont été enlevées parce qu'elles n'étaient pas protégées par des fils de fer; le régiment n'avait pas pu en obtenir malgré ses demandes : il n'en restait plus à Demir Kapu. Les Bulgares se sont montrés plus mordants que d'habitude; ils sont arrivés sur les mitrailleuses, qui ont tiré jusqu'à la dernière seconde. Ils sentent que nous battons en retraite. Mais ils ne poursuivent pas, et s'attardent à vider les sacs, piller les prisonniers, manger la soupe qui était prête. La nuit vient. Le régiment tient sur la seconde ligne jusqu'à 23 h. 30; à partir de ce moment, il démasque le 242ᵉ et se retire pour remettre de l'ordre dans ses unités.

A midi, je vais voir le départ du convoi avec le lieutenant-colonel Cazalis, commandant l'artillerie. Il fait doux, un pâle soleil essaie de percer le brouillard, mais en vain. C'est la première fois que nous le devinons depuis que nous sommes dans ce triste Demir Kapu. Toutes les voitures sont parquées derrière la gare; une partie sont déjà attelées, les conducteurs et les chevaux s'agitent autour des autres. La file s'ébranle lentement, s'écoule dans le chemin; la boue gicle sous les roues et les pieds des animaux. Derrière une voiture est attaché un cheval efflanqué; il tombe sur les genoux, puis se couche les jambes raides, le col allongé, la tête traînant dans la boue. La voiture continue à rouler, la corde fixée au licol se tend et lui soulève la tête. A grands cris on arrête le conducteur. Un cercle se forme; les troupiers commentent l'incident : « Je le disais bien, qu'il ne pourrait pas suivre; voilà deux fois déjà qu'on a voulu l'évacuer, jamais il ne pourra marcher. » Sans trop de brutalité, les hommes font effort pour le relever; remis debout, il retombe. On le relève encore. On le pousse en dehors du convoi, il se couche dans l'eau comme sur la meilleure des litières, la tête haute, et regarde d'un air satisfait les camarades qui reprennent leur marche lente et coupée d'arrêts brusques... Une balle mettra fin à sa carrière.

Tout à coup arrivent, discutant et gesticulant, deux sous-officiers, l'un du génie, l'autre du train des équipages.

— Le poste du génie ne veut pas nous laisser passer sur la voie, crie celui-ci très animé.

— Comment?

— Oui, mon capitaine, répond le sapeur; la consigne est formelle : défense de laisser passer une voiture sur la voie. Ce matin, le général a mis huit jours de prison au caporal de garde pour avoir laissé passer un caisson.

— La consigne est changée : laissez passer tout le monde.

— Mais, mon capitaine...

— Ordre du général.

— Alors, je retire mon poste, conclut-il d'un ton vexé.

— Retirez votre poste.

Et le défilé reprend. Les voitures descendent dans le lit de la Bosava, au pied du pont du chemin de fer; le gué est excellent, l'eau court rapide et claire sur un fond de galets et de sable fin, mais quelques chevaux hésitent à y entrer; ils reculent, se jettent de côté et ne se décident que lorsqu'ils ont vu passer devant eux un attelage plus docile.

Le convoi s'engage d'abord sur la piste qui longe la voie; au bout de 500 mètres, il passe sur la voie elle-même. La manœuvre est difficile, faute de la précaution qui consistait à racheter au moyen de bois ou de terre la différence de niveau entre les rails et le ballast. Il s'agit de placer les roues à cheval sur le rail de droite, la roue droite serrant le rail, car pour peu qu'elle s'en écarte, elle tombe en dehors de la plate-forme. L'accident se produit plus d'une fois, malgré les recommandations. Néanmoins, la colonne avance régulièrement. La tête s'engage dans le tunnel. Nous l'en voyons sortir, la voie décrivant une courbe à cet endroit. Nous nous félicitons. Mais elle semble arrêtée. On regarde à la jumelle; c'est bien vrai. L'arrêt se propage bientôt jusqu'au point où nous sommes. Qu'y a-t-il? Une voiture versée? L'ordre formel était donné, si on ne pouvait pas la relever tout de suite, de jeter son chargement dans le Vardar et de la précipiter elle-même au bas du talus. Nous attendons; l'arrêt se prolonge. Nous commençons à nous inquiéter. Arrive au grand trot, le long de la colonne, l'officier qui marchait en tête.

— Les sapeurs nous ont arrêtés, dit-il, parce qu'ils ne veulent pas qu'on passe sur leurs puits de mine. J'ai eu beau parlementer; rien à faire avec eux. L'officier du génie m'a dit qu'il faudrait, pour avancer, passer sur le corps de ses hommes.

C'est grave; il faut intervenir. Furieux et maugréant contre les malencontreux sapeurs, nous courons aussi vite que nous pouvons sur le ballast pour rejoindre la tête. Nous la trouvons arrêtée à plus d'un kilomètre, à la sortie du tunnel, devant le fameux puits de mine. Le lieutenant du génie discute avec le médecin-chef de l'ambulance, qui marche en tête, et un officier d'artillerie. Il est très monté et paraît désespéré; il parle de ses ordres, de sa responsabilité.

— Mais il est essentiel de faire filer le convoi avant tout. Vous avez le temps pour vos puits de mine, et vous les continuerez après.

— Mes ordres...

— L'ordre du général est que le convoi passe.

— Mais je n'ai pas de matériaux pour boucher les trous.

— Pas de matériaux? Mais ces planches?

Et je lui montre un tas de madriers tout prêts pour le boisement de son puits. Il prétend qu'ils sont trop courts pour pouvoir servir. Je les fais empoigner par des sapeurs et poser sur les trous. Des galets, de la terre pour boucher les intervalles et refaire le ballast, et voilà le chemin rétabli, avec de fortes bosses, mais praticable.

Les premières voitures qui passent sont celles de l'ambulance : de grandes arabas avec un chargement très haut. Elles penchent à faire croire qu'elles vont verser; elles se redressent et continuent. Impassibles autant que paresseux de marcher, les conducteurs restent juchés sur leur siège. Nous les faisons descendre : de la sorte, en cas d'accident, ils ne seront pas écrasés sous leur voiture.

Après l'ambulance viennent les batteries : canons et caissons, attelés à six chevaux, roulent sans difficulté. Puis les arabas de l'intendance, avec des chargements extraordinaires. Des chèvres et des moutons sont attachés par derrière,

entremêlés de bourricots écrasés sous leur charge ;
un homme pousse une truie noire avec deux petits ; il y a même trois chameaux, qu'un régiment
a trouvés dans la montagne, au delà de la Cerna.
Tout cela marche ; l'écoulement dure une heure et
demie. S'il ne survient pas de nouvel accroc, le
convoi aura passé le pont du Vardar au kilomètre 113 en temps voulu pour que le train montant
puisse quitter Strumiça vers 17 heures et nous
arriver une heure et demie après.

Je rentre à la gare. Deux trains sont chargés,
prêts à partir. Le temps passe vite ; on s'inquiète
du 371°; pourra-t-il tenir jusqu'au bout? Oui, si les
Bulgares, après leur premier succès, s'arrêtent
comme ils ont toujours fait jusqu'à présent.

Dix-sept heures arrivent. Pas de nouvelles du
train montant. Du poste du kilomètre 115, où se
trouve une voie de garage, on téléphone que
le convoi est presque immobilisé en ce point et
n'avance que très lentement. Les heures se succèdent. A 21 heures, le convoi est toujours arrêté ;
impossible de savoir pourquoi. Stein, qui est parti
avec les chevaux de l'état-major, doit se trouver
là ; je le fais appeler au poste téléphonique, je lui
demande des renseignements précis et lui pres-
cris, en tout cas, quelle que soit la situation du
convoi, de le faire garer pour débarraser la voie.
En attendant sa réponse, nous discutons la situation. Elle devient grave, puisqu'en mettant les

choses au mieux, nous n'aurons plus qu'un train ; qu'il manque, et nous sommes forcés d'envoyer les batteries restantes par la voie ferrée, en pleine nuit ; les voitures les plus lourdes devront être abandonnées.

Nous nous tenons dans les deux salles de la gare où se trouvent les appareils téléphoniques, dont l'un est réservé au service du chemin de fer. Le commandant Delaunay, directeur technique de l'exploitation, garde le calme parfait qui ne l'a pas quitté depuis le début, malgré les difficultés sans cesse renouvelées auxquelles il a dû faire face. Le général, qui porte toute la responsabilité de l'opération, ne laisse pas voir ses inquiétudes. La tête dans son passe-montagne de tricot, le casque enfoncé sur la nuque, sa pèlerine par-dessus son manteau, il marche de long en large sans parler, épargnant à son entourage ces réflexions oiseuses, qui servent en pareil cas de soupape de sûreté à l'énervement, mais augmentent celui des autres.

Toutes les dix minutes, des nouvelles sont demandées aux postes téléphoniques de Strumiça, du kilomètre 113, du kilomètre 115. Peu à peu, on apprend ce qui est arrivé. Au kilomètre 115, où il y a une aiguille pour la voie de garage, il a fallu, pour franchir le croisement, faire passer à cheval sur le rail de gauche les voitures qui étaient sur le rail de droite. Déjà difficile pour les arabas qu'on soulève péniblement à bras, l'opération exige l'emploi du cric pour chaque roue des canons et des caissons. Elle a demandé trois heures.

La difficulté recommence au kilomètre 113. Toute la journée le génie a travaillé pour terminer l'aménagement du pont en pont routier; l'ouvrage a été fini au moment où le convoi arrivait; il semble donc que tout va bien aller. Mais pour épargner les appareils, pétards et système d'amorçage, qui ont été préparés pour la destruction du pont, il faut renouveler la même manœuvre de changement de côté; elle est encore compliquée par l'obscurité d'une nuit sans lune, où brillent seulement de grands feux de bivouac.

C'est miracle s'il ne se produit pas d'accident au passage du pont; il n'a comme garde-fous qu'une latte de bois; plusieurs voitures sont arrêtées au moment où elles ont une roue dans le vide. Un mulet met le pied en dehors du tablier; il tombe et reste suspendu au-dessus du fleuve par son harnachement; on le débâte, il est précipité dans l'eau d'une hauteur de dix mètres et regagne la rive à la nage.

Stein parcourt la voie pour faire ranger les nombreux groupes de voitures arrêtées çà et là. Chevaux et conducteurs dorment, harassés. A la lueur d'une lampe électrique de poche, il cherche un endroit où les voitures puissent se garer tant bien que mal; elles descendent le talus; les chevaux ne veulent pas entrer dans les ronces, mais le temps presse; on les pousse à coups de fourreau de sabre.

Cependant à la gare de Demir Kapu l'inquiétude grandit. De temps en temps nous sortons pour écouter. Le silence est émouvant : pas un coup de fusil; aucun roulement de train lointain; on n'entend que le sifflement des lampes à acétylène qui éclairent les voitures immobiles rangées en arrière du quai. Des hommes dorment, écroulés par petits paquets partout où ils ont pu trouver un coin sans boue; d'autres boivent autour de grands feux. On ne veut pas penser au désordre et à la panique que jetteraient quelques patrouilleurs bulgares...

En calculant au plus juste, nous pouvons attendre jusqu'à minuit trente pour prendre une décision : un train partant à cette heure de Strumiça nous arriverait avant 2 heures. En comptant trois heures pour le chargement et les manœuvres en gare, assez compliquées, puisqu'on ne peut charger à la fois qu'une rame de douze wagons, ce train partirait à 5 heures, extrême limite jusqu'où peut être retardée l'évacuation de la gare.

Les ordres ont été donnés pour retarder le mouvement de l'infanterie; au lieu de commencer son repli à minuit, elle ne quittera les tranchées qu'à 2 heures.

7 décembre, minuit trente. — Le mouvement des batteries par la voie ferrée sera rendu si difficile par l'obscurité et présentera tant de risques que le général ne se décide pas à l'ordonner; il espère toujours que la circulation des trains pourra reprendre.

Enfin, un peu avant 1 heure, un coup de téléphone annonce que le train vide part de Strumiça, le convoi des chevaux et des voitures étant entièrement garé. Nous sommes sauvés. Nous n'en comptons pas moins les minutes. Le train se fait attendre bien longtemps : c'est la faute du brouillard et des isolés qui circulent sur la voie. Le voilà enfin à 2 heures 30.

Le chargement est mené fiévreusement. Le lieutenant-colonel Cazalis se multiplie et prend lui-même la direction de l'opération pour ses batteries. Mais les fantassins qui sont là pour aider sont éreintés; beaucoup ont bu, l'Intendance ayant mis en perce un tonneau de vin qu'elle ne peut pas emporter; ils profitent de l'obscurité pour se cacher et échapper à la corvée. Jamais les voitures qui restent ne tiendront sur les vingt-six wagons dont se compose le train. On démonte les arabas; les roues d'un côté, les fonds de l'autre, vont s'entasser sur les canons et les caissons qui encombrent déjà les trucs. En une heure et vingt-cinq minutes le train est chargé. Il part à 4 heures, emmenant les généraux.

Une demi-heure plus tard, le train de ramasse
est prêt. Les derniers éléments d'infanterie qui
nous protégeaient reviennent à la gare. Tous les
préparatifs sont faits pour les destructions; nous
voyons passer les sapeurs porteurs de torches qui
vont incendier le quai de bois. Le train s'ébranle
doucement. Il est 5 h. 30. Départ émouvant, à
la pensée que dans quelques heures l'ennemi
nous aura remplacés. Nous nous arrêtons au delà
du pont de la Bosava. Une explosion : c'est l'ai-
guillage qui saute; puis une seconde, beaucoup
plus forte : le réservoir d'eau. Les sapeurs qui
étaient restés pour mettre le feu nous rejoignent.
Le train repart, traverse le tunnel, et s'arrête
encore.

Voici le commandant de l'arrière-garde, le lieutenant-colonel Boigues, mince, la tournure jeune,
calme et souriant, aussi frais que s'il n'avait pas
passé la nuit aux avant-postes. Et quelle nuit!
Depuis 1 heure du matin, sa gauche est découverte, et rien n'empêche l'ennemi que, depuis
trente-six heures, on entend parler dans le brouillard, à moins de 200 mètres de nous, de s'avancer
par là. Le lieutenant-colonel a placé une compagnie et une section de mitrailleuses entre le
pont et le tunnel pour protéger le repli de son
bataillon. Une mitrailleuse installée au-dessus de
l'entrée du tunnel dans une petite redoute en
sacs à terre y restera jusqu'au passage du der-

nier élément. Alors, le feu sera mis au fourneau de mine.

Le train a avancé un peu pour se garer de l'explosion; il gêne la marche des troupes sur la voie; elles s'écoulent très lentement. L'attente se prolonge dans un grand silence; on n'entend que le Vardar qui coule bruyamment au pied de la falaise. La nuit s'éclaircit, le ciel blanchit au-dessus du défilé et on commence à apercevoir les nuages qui se traînent, accrochés aux parois. Nous en sommes tout réconfortés. L'existence que l'on mène en guerre est singulièrement propre à faire apprécier comme il convient l'alternance des saisons, du jour et de la nuit, du beau et du mauvais temps. Le retour quotidien de la lumière comme celui du soleil après la pluie sont toujours accueillis avec une joie reconnaissante, qu'ignore la vie civilisée.

A 7 h. 30, une forte explosion ébranle l'air et fait longuement résonner les échos du défilé. Nous nous précipitons à la porte du wagon : tout le fond de la gorge est rempli d'un épais nuage de fumée blanche et rousse. Une seconde explosion retentit; des gerbes d'eau jaillissent sous les blocs de pierre qui retombent dans le fleuve, les plus gros d'abord, puis, de longs instants après, les petits éclats et une grêle de sable. Bientôt nous voyons passer, emportés dans le courant, des morceaux de poutres et de madriers, débris du boisage des puits.

Les sapeurs qui ont fait le travail nous décrivent les effets des explosions. A l'intérieur du tunnel les rails sont tordus, les traverses arrachées. A la sortie, deux profonds et larges entonnoirs sont creusés dans le remblai entre la paroi rocheuse et le fleuve; la voie est complètement coupée; impossible de passer, disent-ils. Or, quelques instants après, arrive un camarade qui raconte, en riant de bon cœur, qu'au moment où les derniers fantassins allaient se replier, il vit sortir du tunnel un cavalier, l'air ahuri, qui venait sur la voie en traînant son cheval par la bride. Il s'arrêta au bord de l'entonnoir et dit simplement : « Tiens, il y a un trou », puis commença à descendre le long des éboulis, et remonta de l'autre côté. C'était un homme qui s'était endormi dans un coin, et à son réveil s'était trouvé bien étonné de voir tout le monde parti. La destruction dont les travaux préparatoires nous avaient tant gênés la veille ne l'avait pas arrêté une minute. La voie n'en restait pas moins impraticable aux trains de chemin de fer, et c'était l'essentiel (1).

Nous sommes repartis. Chemin faisant, nous ramassons le matériel et les outils qui ont été déposés en divers points de la voie. Nous recueillons aussi quelques blessés couchés sur des brancards

(1) Elle ne fut réparée par les Bulgares et les Allemands qu'à la fin de février. Le résultat obtenu par l'ensemble des destructions fut un arrêt du trafic pendant trois mois.

et une partie des télégraphistes qui viennent de démolir les lignes téléphoniques que nous avons employées jusqu'alors; ils continuent tout le long du chemin de fer. Tels le satyre de la fable, qui soufflait indifféremment le chaud et le froid, ces braves sapeurs construisent et détruisent les lignes avec la même conscience; après avoir établi par monts et par vaux un réseau grâce auquel nous étions en relations avec tous les points de notre front, depuis huit jours, malgré la neige et le verglas, ils travaillent jour et nuit pour ne rien laisser à l'ennemi, sciant un poteau sur trois, détruisant les isolateurs et coupant les fils. Leur dévouement est encore ennobli et rehaussé par la simplicité avec laquelle ils accomplissent, loin de tout regard, ce labeur pénible et ingrat. « Avec la volonté on arrive à tout », me dit l'un d'entre eux.

Au sortir du défilé, la vallée du Vardar s'élargit progressivement entre des collines aux formes adoucies, où des chênes jaunis dominent le maquis de thuyas et de genévriers. Nous saluons au passage le fameux pont du kilomètre 113 qui va sauter tout à l'heure dès que les troupes l'auront franchi. Des deux côtés du chemin de fer, de longues colonnes avancent lentement; d'autres descendent les pentes des montagnes avec des blessés portés sur des brancards. Une vive fusillade s'entend sur les hauteurs de la rive droite et dans la vallée de la Voda Delna.

Long arrêt à Strumiça, où nous arrivons à
11 heures. J'y trouve Roffignac, venu préparer le
bivouac de nos régiments. Puis nous roulons lentement vers Guevgueli, tandis que le canon tonne
à droite et à gauche.

A 16 heures, arrivée à Guevgueli. Grande animation à la gare et dans la large rue qui mène
en ville. Beaucoup de soldats français et serbes, et
surtout des réfugiés serbes; des Turcs, des Tziganes, des infirmières anglaises. Il y a même
quelques femmes habillées à l'européenne, dont
la présence paraît choquante au milieu de cette
foule orientale. Quel plaisir de marcher dans une
rue sans boue, de voir des maisons, de vraies
maisons, de retrouver enfin un air de civilisation!

L'État-Major est installé au Palais de Justice.
La nuit sera-t-elle tranquille et pourra-t-on se reposer? Les nouvelles sont assez mauvaises : le
bataillon du 148ᵉ qui allait occuper Petrovo a été
attaqué par les Bulgares débouchant de Gabres.
Le détachement Gondre a été aussi attaqué dans
la vallée de la Voda Delna. L'ennemi essaie de
nous couper; il fallait s'y attendre. Il menace la
gare de Strumiça, qui n'est pas encore évacuée.
Les montagnes et la neige ne l'ont pas arrêté; il a
profité de nos travaux commencés pour l'amélioration du chemin d'Orizar à Petrovo, que nous
avons abandonné après l'avoir refait aux trois
quarts; nous ne pûmes pas l'employer, la dernière

section n'étant pas praticable, mais les Bulgares l'ont terminé et s'en sont servis pour nous tomber dans le flanc.

Les corps ont atteint les emplacements qui leur étaient fixés, mais au prix de quelles fatigues! Voilà les notes prises par un officier du 242ᵉ. Elles donneront une idée de ce que fut cette marche:

« Kires Tepe : un mont abrupt, de la neige, de la glace, un vent de tempête, 23 degrés au-dessous de zéro. On entend la fusillade d'un combat dans la plaine. Les hommes se demandent s'ils vont être attaqués; le régiment a conquis et tient cette cime depuis près d'un mois; il la quitte par ordre à 2 heures du matin.

« En attendant l'heure, les hommes grelottent autour des feux, qu'alimentent les ormeaux nains de la montagne.

« On se met en marche par une ombre épaisse. Les sections se forment à tâtons; les hommes, à la file indienne, se tiennent par leur ceinturon ou leur sac; les mulets se serrent; le téléphone est replié. On part, tandis que le canon recommence à rouler dans la vallée et que des fusées éclairantes s'élèvent au-dessus du brouillard.

« Pendant quatorze heures, les hommes marcheront par un mauvais sentier, portant sur le sac la tente et une ou deux couvertures, trois jours de vivres, trois cents cartouches. Ils longent des pré-

cipices, heurtent les rochers, se déchirent les genoux et les mains aux buissons. Le givre s'attache
à la moustache et à la barbe et fait, des capotes,
des blocs raidis. Deux mulets chargés de munitions
glissent tout à coup; on les entend rouler et se
débattre pendant plus de cent mètres sur les
pentes. Aux descentes, la colonne précipite sa
marche et beaucoup ont peine à suivre; parfois
elle s'arrête comme perdue; alors des hommes
épuisés s'étendent sur place les genoux pliés, s'as-
soupissent ou dorment bruyamment; quand il faut
repartir, ils se débattent égarés.

« Au col de Celevec, un court arrêt dans le lit
du torrent. Il faut attendre l'autre bataillon, laisser
passer un autre régiment; il s'est battu toute la
journée dans le brouillard et défile par un dans
l'aube blême.

« Enfin l'on repart et c'est l'aurore. A la guerre,
l'aurore amène toujours le soulagement et l'espoir.
Celle-ci nous montre la vallée de Celevec et d'Ibirli,
les peupliers, les platanes tordus et séculaires, les
vignes mariées aux ormes.

« Le Vardar roule ses eaux jaunes et des débris
de pontons. Une brigade le longe à gauche à la
file indienne, une autre passe à droite le long de
la voie ferrée. »

Au 371ᵉ, qui suivit le même chemin, le transport
des blessés du combat de la veille rendit la marche
plus pénible encore. Trente-huit blessés facilement

transportables ou pouvant marcher avaient été évacués par le bac sur la gare de Demir Kapu; dix-sept restaient incapables de se mouvoir; ils formaient un convoi spécial qui précéda le bataillon, les uns portés sur des brancards ou des couvertures, les autres juchés sur des mulets ou des chevaux d'officiers. Une quarantaine d'hommes s'étaient volontairement offerts comme porteurs pour aider leurs camarades infirmiers et brancardiers, acceptant avec un magnifique dévouement ce surcroît de fatigue. Le dégel et le passage des batteries de montagne avaient complètement défoncé la piste; la montée au sommet du col se fit en six heures. La descente sur le Vardar fut plus pénible encore, le sentier tracé à flanc de montagne le long d'escarpements abrupts étant très périlleux pour des blessés portés à dos de cheval ou de mulet. Une obscurité épaisse régnait, que n'arrivaient pas à dissiper les bougies fixées sur les casques. Les porteurs étaient à bout de forces quand, au jour, le convoi fut rejoint par une colonne de brancardiers divisionnaires, envoyés à son aide depuis la station de Strumiça.

Un blessé eut un mot admirable. Les brancardiers qui le portent glissent et le renversent; ils lui demandent pardon : « J'espère, au moins, répond-il, que vous ne vous êtes pas fait de mal en tombant. » Il était atteint de cinq balles.

Le docteur Cordier, qui comme chef de convoi
avait été l'âme de cette retraite et s'était dépensé
au delà de ses forces pour animer son personnel
de brancardiers et soutenir le moral des blessés,
mourut le lendemain à Guevgueli.

CHAPITRE VII

8 décembre. — A 3 heures du matin, nous sommes réveillés par un télégramme du général en
chef, annonçant que les Anglais sont violemment
refoulés. En conséquence, nous devons nous porter le plus tôt possible dans la vallée du Cinarli,
pour couvrir, le cas échéant, la droite de la
156ᵉ division et nous conserver libre la route
Rabrovo, Dedeli, Doiran et le chemin de Guevgueli par Furka. Il importe d'étayer la droite de la
156ᵉ division et les Anglais, pour que l'ennemi
ne puisse pas se glisser, soit sur Doiran, soit
sur Guevgueli, par la haute vallée du Cinarli. En
même temps, il faut continuer à couvrir Guevgueli au nord et au nord-ouest.

Le général reste perplexe. Très capable d'em-
brasser dans toutes ses parties le détail de l'opé-

ration, il en découvre aussitôt les conséquences proches et lointaines avec cette netteté qui se traduit habituellement dans ses ordres par une justesse parfaite de l'expression. Très ménager de la fatigue et du sang de ses troupes, il voit d'un coup d'œil le désastre possible à la suite d'un pareil mouvement. En face d'un ennemi qui se renforce tous les jours, plus mobile et mieux entraîné que nous à la guerre de montagne, il s'agit de lancer la division sur un terrain inconnu, qu'on sait très difficile et sans chemins. Elle risque d'être tournée par la droite si les Bulgares ne respectent pas la frontière grecque. Les troupes sont très fatiguées par les marches si dures qu'elles viennent de fournir : certains corps n'ont atteint qu'à la nuit leurs bivouacs de Mirovec. Elles comprendront difficilement qu'après avoir eu tant de peine à échapper à l'étreinte de l'ennemi, elles soient renvoyées au contact par un mouvement de flanc. Enfin, et cette raison suffirait à elle seule, le ravitaillement dans la montagne sera presque impossible, puisque nous n'avons plus les voitures de notre convoi administratif, qui a été renvoyé à Salonique.

Avant de prendre sa décision, le général va conférer à ce sujet avec les commandants des divisions voisines, qui sont intéressés à son mouvement. A 9 heures, il part en automobile pour Dedeli et la station de Strumiça. Les Anglais sem blent pressés de s'en aller. Ils viennent d'abandonner leurs positions en y laissant huit canons. Ils ont été pris d'enfilade par l'artillerie bulgare, qui leur a fait subir d'assez grosses pertes; leurs soldats étaient complètement déprimés par le froid; les tranchées qu'ils tenaient ne les couvraient que jusqu'à mi-corps et n'étaient pas protégées par des fils de fer. Ils n'en étaient pas entièrement responsables : ils n'occupaient que depuis quelques jours cette position conquise sur l'ennemi par la division Bailloud, et, faute de barres à mine et d'explosifs, n'avaient pas pu approfondir les tranchées dans le roc.

Le général Bailloud voit les choses avec un grand calme. Il estime que notre appui ne lui est pas nécessaire; il compte faire son repli par ses propres moyens et ne demande pas que nous venions derrière lui pour le recueillir. Cette confiance confirme notre général dans ses hésitations à risquer un mouvement difficile.

Mais, dans la journée, la situation change. L'ennemi avance sur la rive droite du Vardar et resserre son étreinte. Dartein, de l'état-major de la 122ᵉ division, vient à Guevgueli signaler que sa division est fortement pressée du côté de Petrovo et surtout de Davidovo; il demande qu'un de nos bataillons soit envoyé pour relever son dernier bataillon de réserve qu'elle se voit obligée de pousser vers le nord.

D'autre part, les Anglais se retirent, si bien qu'à 22 heures, un télégramme du général Bailloud nous annonce que, le repli des Anglais découvrant sa droite, il exécute dès cette nuit son mouvement vers l'arrière.

De son côté, le général en chef avait renouvelé formellement l'ordre pour la division de se porter dans la haute vallée du Cinarli pour appuyer les Anglais.

Mais les régiments ne sont pas en état d'aller la nuit prendre position à 20 kilomètres dans un pays inconnu et très difficile. Les seules positions qu'on puisse occuper pour faire une résistance sérieuse et recueillir les autres divisions sont entre Guevgueli et Doiran. Le général demande aussi, et très justement, que les troupes britanniques qui se trouvent à Salonique soient transportées en chemin de fer jusqu'à Doiran pour venir aider la 10e et coopérer à la résistance.

L'état de fatigue des troupes, invoqué pour exécuter le mouvement prescrit, n'est que trop réel. Le chef d'état-major a vu dans la journée cinq régiments en marche : les officiers et les hommes sont à bout de forces et exaspérés des allées et venues qui leur sont imposées.

9 décembre. — L'Armée, qui peut-être ne se rend pas très exactement compte de cet état de choses et a des raisons que nous ne connaissons pas,

maintient sa manière de voir. Cette nuit, nous
avons reçu l'ordre de laisser à la 122ᵉ division le
soin de couvrir Guevgueli; la 156ᵉ va se replier en
arrière de la Bojimia. Quant à nous, il faut pousser
dans la journée du 9 aussi loin que possible dans
la vallée du Cinarli vers Cerniste, de manière à
pouvoir, le 10, prendre position au nord-ouest de
Doiran, et couvrir ainsi le repli de la 10ᵉ division
britannique. Nous nous retirerons ultérieurement
par la route Doiran-Kukus. « Les Anglais promet-
tent de tenir », nous assure le général en chef.

Le général répond qu'il a prescrit de reconnaître
la position Guevgueli-Doiran (1), et qu'il envoie
entre Cinarli et Cerniste un régiment (235ᵉ) et les
chasseurs d'Afrique. C'est une exécution, au moins
partielle, des ordres de l'Armée.

Puis il charge la 114ᵉ brigade de la défense propre de Guevgueli. Hier, en venant de Mirovec, la
colonne a reçu des coups de fusil; l'ennemi n'est
donc pas éloigné et il faut se garder sur la gauche.
La brigade tiendra deux secteurs : un confié au
371ᵉ, avec avant-postes à Merzenci; un au 372ᵉ,
renforcé d'un groupe de 75, avec avant-postes à
Mozima.

---

(1) La reconnaissance, faite dans le brouillard par les colonels
de la 114ᵉ brigade, donne lieu à un incident assez amusant. Au
pont de Cinarli, ils entendirent une fusillade et même le sifflement des balles. Grand émoi : l'ennemi est là, nous sommes
tournés... On s'aperçut que c'étaient des officiers anglais qui
tiraient des oies et des canards sauvages.

La 113ᵉ brigade, de son côté, reçoit l'ordre de couvrir le flanc droit de la division Bailloud et d'assurer sa retraite, ainsi que celle de la 10ᵉ britannique sur Dedeli et Kara Oglular. A cet effet, elle prendra demain position entre Cerniste et Kara Oglular avec deux régiments (235ᵉ et 260ᵉ) et un groupe de 75.

Enfin, dans la soirée, à la suite d'une conversation avec le commandant Leroy, chef du 3ᵉ bureau de l'état-major de l'armée, qui représente à Guevgueli le général en chef, le général se conforme entièrement aux instructions qu'il a reçues. Il donne un ordre d'opérations qui dirige la 114ᵉ brigade sur Bogorodica, Doiran et Dautli, et complète la 113ᵉ dans la région Doiran, Kara Oglular par l'envoi, à Volovec, de son troisième régiment (242ᵉ).

Entre temps, je suis allé visiter, à Guevgueli, la maison des religieuses que nos hommes appellent « Petites Sœurs des Pauvres ». Dès le premier jour, un sûr instinct les y a menés; comme elles parlent français, ils se sont adressés à elles pour avoir des renseignements sur les ressources de la localité, et leur ont même demandé bien des services. Elles ont accepté de blanchir tout le linge qu'ils leur apportent, et Dieu sait s'il y en a !

Cette appellation de « Petites Sœurs des Pauvres », tout à l'honneur des filles de Jeanne Jugan, et qui montre à quel point elles sont populaires, m'avait surpris, car je ne croyais pas qu'elles eussent des maisons en Orient. En effet, elle ne s'applique en rien à ces religieuses. Ce sont des Eucharistines, Filles de la Charité du rite oriental; elles dépendent du P. Lobry, visiteur des Lazaristes. C'est ce que m'explique la supérieure, une Italienne d'une distinction et d'une intelligence remarquables. Elles ont plusieurs maisons en Serbie; celle de Guevgueli entretient une trentaine d'orphelins et d'orphelines. La supérieure me fait visiter l'ouvroir où celles-ci travaillent : elles me saluent en français.

Les Sœurs regrettent en ce qui les concerne le temps de la domination turque. Grâce à la liberté dont elles jouissaient, elles avaient une école où elles élevaient de nombreux enfants. Elles étaient entourées de l'affection de toute la population et se voyaient parfaitement accueillies dans les maisons, même turques, où elles apportaient aux malades des soins et des remèdes. Les Serbes, qui n'aiment pas tout ce qui est catholique, ont supprimé l'école et empêchent les pauvres de s'adresser à elles.

Elles ne redoutent pas la venue des Bulgares, mais craignent qu'entre notre départ et leur arrivée il n'y ait des violences et des pillages commis par les comitadjis et les soldats débandés qui ont reflué à Guevgueli; la nuit précédente, ils ont commencé à enfoncer les portes des maisons du quartier un peu reculé qu'elles habitent. Elles demandent une sentinelle pour les protéger jusqu'à notre départ.

Par de petites ruelles campagnardes, je regagne la rue principale. De belles maisons et de nombreux magasins témoignent que la ville est un centre d'échanges important. Le climat chaud et humide de la plaine du Vardar au sud des défilés convient au mûrier : on y fait un grand élevage de vers à soie; on y cultive même le coton. Il y a à Guevgueli une manufacture de tabac, où nous avons installé un hôpital. La grande rue présente la même animation qui m'avait frappé en sortant de la gare. Mais les habitants déménagent leurs objets personnels et vident leurs entrepôts de marchandises pour emporter ce qu'ils peuvent. Les soldats les y aident consciencieusement : l'ordre a été donné de vivre sur le pays pour ne rien laisser à l'ennemi; il faut enlever les ustensiles de cuivre, très nombreux, qui se trouvent dans toutes les maisons : plats, bassins, cruches, vases de toutes formes. La visite domiciliaire entraîne quelques incidents : les Turcs ne veulent pas laisser franchir leur seuil, les femmes poussent des cris aigus; ils n'ouvrent que lorsqu'ils voient qu'on va enfoncer la porte. Le sous-préfet serbe évacue ses archives; la sous-préfecture est ouverte et les gendarmes serbes enlèvent ce qui leur convient du mobilier; ils invitent nos soldats à faire de même. L'opération prend des airs de pillage.

La gare est toujours pleine de réfugiés qui attendent des trains pour partir. On achève de vider les dépôts de munitions formés à Guevgueli; on embarque des automobiles et du matériel d'aviation.

Les convois de nos régiments sont parqués dans un ordre parfait et bien au sec : quelle différence avec les affreux cloaques où ils enfonçaient à Krivolak et Demir Kapu! Je m'informe de la manière dont les voitures d'une part, les chevaux de l'autre ont fait le voyage; j'étais inquiet de savoir si chaque attelage avait rejoint sa voiture, après les péripéties de la retraite par voie de terre et de fer. Il ne faut désespérer de rien, car tout s'est retrouvé au complet, excepté une araba dont on n'a que les roues, et un cheval : c'est le matricule 15413, bai clair, liste en tête prolongée, boit dans son blanc, balsané des pieds de derrière.

10 décembre. — Après le déjeuner, je pousse jusqu'au pont du Vardar avec le chef d'état-major : nous ne sommes jamais las d'échanger nos impressions, surtout dans les moments difficiles. Grand va-et-vient d'isolés et de petits détachements. La tenue des hommes est mauvaise; beaucoup ne saluent pas; or le salut empressé et « ouvert » est le critérium du bon état moral de la troupe.

Nous entendons le canon sans pouvoir discerner s'il vient de la rive droite ou de la rive gauche. Il nous paraît singulier d'attendre ainsi tranquillement que l'ennemi vienne nous chasser. Nous nous demandons une fois de plus pourquoi ces lenteurs. Dès l'instant que la retraite est décidée, il vaudrait mieux se décrocher le plus vite possible pour échapper au danger de se voir attaqué de front par des forces supérieures, et menacé de flanc et par derrière. Au contraire, on nous fait remonter dans la direction de l'ennemi en appuyant à droite. Notre aide serait nécessaire, paraît-il, à la 156ᵉ division et aux Anglais, pour effectuer leur propre repli, car ils sont fortement pressés. Mais alors pourquoi toute l'armée, au lieu de garder le contact comme si elle voulait se donner le luxe de combats quotidiens, ne se dérobe-t-elle pas par un rapide mouvement en arrière? Surtout avec le brouillard qui faciliterait la retraite, il semble que l'exécution n'en serait pas difficile, car à parler franc, les Bulgares ne se montrent pas bien mordants; leurs poussées sont assez violentes, mais brèves. La question sera intéressante à discuter quand on le pourra; aujourd'hui, on ne voit pas d'autre explication que la nécessité de gagner du temps pour l'évacuation du matériel par voie ferrée.

Les ordres du général pour la journée du 11 prescrivent aux troupes de rester sur les emplacements qu'elles ont dû occuper aujourd'hui; dans la journée, elles feront reconnaître les chemins

allant vers le sud. Afin de se trouver à portée des
deux brigades, le Quartier Général appuiera vers
la droite et se transportera demain à Kilindir, en
territoire grec, sur le chemin de fer de Doiran à
Salonique; les officiers de l'état-major, en automobile, en faisant un grand détour par Karasuli
pour trouver un chemin à peu près bon; le convoi : chevaux, escorte, prévôté; voitures de la trésorerie et des postes, du service télégraphique, de
l'intendance, de l'état-major, des états-majors de
l'artillerie et du génie; détachement du train, en
tout 234 hommes, 150 chevaux et mulets, 29 voitures, suivra une piste plus directe, par Bogorodica
et Dautli.

A 19 heures, le général Bailloud vient voir le
général; sa première ligne s'est repliée en arrière
de la Bojimia; il a un trou entre ses deux brigades, et nous demande un régiment. En conséquence, le 242ᵉ reçoit l'ordre de partir demain
matin pour Furka.

11 décembre. — Dans la nuit, le général rédige
l'ordre pour la retraite. La division se repliera
lorsqu'elle aura couvert celle de la 156ᵉ et des
Anglais. Le mouvement se fera en trois colonnes;
il commencera pour les troupes de première ligne
sur l'ordre du général de Clermont-Tonnerre,
commandant la 113ᵉ brigade, quand celui-ci le
jugera nécessaire.

7 heures. — Les arabas à bagages se chargent péniblement. Le nombre des objets pour lesquels il faut y trouver une place s'accroît à chaque étape. On a commencé par des objets utiles, comme des poêles; on continue par d'autres qui ont été ramassés dans les maisons et les magasins abandonnés. Le convoi prend des airs de déménagement. Que de bourricots, de moutons, de chèvres! Ces bêtes suivent comme elles peuvent, attachées derrière les voitures; d'un coup de bâton sur la nuque, un homme en assomme une qui ne marche pas assez vite. Il souffle un vent de désordre. Stein aura des difficultés pour amener tout cela à bon port.

A 8 heures, nous partons. Nous formons une petite colonne de huit automobiles : à celles de l'état-major se sont jointes la camionnette du service des postes et la voiture du détachement télégraphique. Le pont du Vardar franchi, nous nous engageons sur le chemin qui descend au sud vers Karasuli. Quelle chose singulière que de rouler en automobile sur ces pistes, qui ne virent jamais passer que des troupeaux, des ânes et des chars à bœufs, et sont demeurées telles qu'il y a des milliers d'années! Le brouillard ne laisse rien deviner du paysage. Nous marchons comme entre deux murs; à peine apercevons-nous les maisons des hameaux traversés : Bogorodica, Makukovo, Smol, Oreovica. De petits postes de soldats vêtus d'un kaki verdâtre et qui ne sont pas des Serbes nous indiquent que nous avons traversé la frontière serbo-grecque. Sur une sorte de lande, nous sommes arrêtés par un immense troupeau, vaches, ânes, chèvres, moutons, que poussent des soldats; c'est le bétail razzié par la 122ᵉ division; dans le brouillard qui empêche d'en voir l'ensemble, il paraît plus nombreux encore. Péniblement nous passons; les bêtes se pressent, se bousculent, avancent dans le bruit sourd que fait le piétine-ment de milliers de sabots sur le sol mou. On songe à ces migrations de tribus comme l'Orient en vit de tout temps.

A Karasuli, après avoir traversé un fond bour-beux où deux voitures s'envasent, nous remontons vers le nord par la route de Doiran. La carte autri-chienne l'indique comme bonne; elle a été empier-rée, mais n'est pas entretenue et n'est guère meilleure que la piste que nous venons de quitter. Le brouillard s'est levé sur un paysage de steppe, qui s'étend jusqu'à l'horizon. Pas une maison dans cette plaine jaunie. Nous ne rencontrons qu'un troupeau; appuyé sur sa houlette, le berger nous regarde passer, toujours semblable à lui-même sous tous les cieux et dans tous les temps. Le lac d'Ardzan que longe la route est caché par une forêt de roseaux jaunis; des aigles décrivent de grands cercles au-dessus de cette brousse qui doit abriter des masses d'oiseaux d'eau.

Les petits ponts jetés sur les ruisseaux sont rompus; il faut les traverser à gué; leur lit est profondément creusé dans la terre grasse; les pentes d'accès et de sortie sont raides, et le sol du fond du gué n'offre aucune résistance. L'auto qui marche en tête reste enfoncée dans la boue. Celles qui suivent se lancent à toute vitesse et passent en soufflant comme des monstres marins, enveloppées des gerbes d'eau qu'elles soulèvent. Mais la dernière s'arrête au milieu : l'eau a pénétré dans le moteur; une de celles qui sont déjà passées recule et la tire au moyen d'une longue corde.

A hauteur de Cugunci, halte pour déjeuner. Quatre petites filles viennent nous regarder; elles ont de sombres yeux noirs, frangés de longs cils. Nous leur donnons des gâteaux. Vite apprivoisées, elles se laissent photographier de bonne grâce et nous disent leurs noms : Athena, Philomena, Axonia et Irena. Comme nous essayons de les répéter, notre prononciation les amuse, elles rient aux éclats. Mince incident de route, mais qui nous frappe parce que c'est la première fois que nous entendons le parler grec (1). Elles ont l'air heureuses et bien portantes sous leurs loques; l'une d'elles tient un bébé tout jaune et miné par le paludisme, qui semble mourant.

(1) Ces enfants parlaient le grec parce qu'on le leur apprenait à l'école, mais leurs parents ne parlaient que le dialecte macédonien.

A 15 heures, arrivée à Kilindir. Le Quartier Général s'installe dans une grande maison en briques dont l'air civilisé et confortable jure à côté des masures du village. Elle n'a pas d'étage, seulement un rez-de-chaussée, élevé de quelques marches au-dessus de la cour; la façade est en terrasse sur un promontoire qui domine la vallée; un jardin mal entretenu descend jusqu'à la rivière, au delà de laquelle on devine la gare dans un bouquet d'arbres. A gauche, la haute bâtisse d'un moulin, presque une minoterie, qu'on ne s'attend pas à trouver là. Notre arrivée rappelle des incidents de grandes manœuvres. On commence par déloger le général F... qui s'est présenté quelques heures avant nous et avait jeté son dévolu sur ce logement, le seul possible du village. Puis on parlemente avec le propriétaire. Il n'y a plus moyen de réquisitionner : nous sommes en Grèce. C'est d'assez mauvaise grâce qu'il assiste à l'envahissement de sa maison, où nous ne lui laissons que sa chambre à coucher et celle de son fils. Peu à peu, à force de diplomatie, nous arrivons à l'amadouer; il se radoucit et donne aimablement ce qu'il ne peut pas refuser.

Rien à faire pour le moment : les papiers sont au convoi, qui n'est pas arrivé; pas de nouvelles des brigades. Je descends au bord du torrent. Il coule bruyamment sur le sable et les galets de son lit trop large. Les mulets et les chevaux des chasseurs d'Afrique y viennent boire en file. Les teintes et les lignes sont d'un paysage algérien : une grande plaine doucement accidentée, couleur de terre et d'herbe sèche; des montagnes pelées qui se profilent durement sur le ciel. Le mouvement des soldats dans les camps, les chéchias et les culottes bouffantes des zouaves, les chevaux arabes à tous crins, les petites tentes en forme de bonnet de police plantées sur le sable jaune composent un tableau qui évoque les scènes militaires en Afrique au temps de Bugeaud, telles que Horace Vernet les a peintes.

Je me suis arrêté près du puits du village; ici, c'est une scène d'Orient. Au-dessus de la margelle basse, un large sycomore étend ses branches encore garnies de feuilles décolorées, aux teintes livides, comme celles qu'à Negotin j'ai vues joncher la neige, témoignant ainsi de la précocité d'un hiver inattendu. Quatre femmes sont autour; elles puisent l'eau avec un seau qu'elles font descendre au bout d'une corde, en remplissent un vase de terre rouge aux formes élancées, le posent sur leur épaule, soutenu par le bras arrondi dans le geste classique, et s'en vont d'un pas souple et mesuré en balançant les hanches, sur lesquelles plaque un tablier rouge rayé de bleu.

La nuit tombe. Le convoi n'arrive pas; il est arrêté au bivouac à 12 kilomètres. A la sortie de Guevgueli il a dû attendre trois heures pour passer

le pont du Vardar, sur lequel défilaient des troupes
de l'autre division. La marche a été dure; il a fallu
doubler les attelages dans les mauvais passages et
faire descendre dans l'eau les prisonniers bulgares
pour pousser aux roues.

Soirée agitée. L'Armée réclame d'urgence des
renseignements sur notre situation; puis, pendant
le dîner, arrivent des dépêches des Anglais et du
général Clermont-Tonnerre, commandant la brigade de droite, qui tient la ligne de Kara-Oglular à
Cerniste. Il dit que les troupes anglaises se replient vers la station de Doiran, excepté une brigade, la 65ᵉ, qui reste sous ses ordres, entre Kara-
Oglular et le lac; il est donc prêt à ordonner la
retraite. Le général de division lui répond sur-le-
champ de ne pas bouger avant vingt-quatre heures,
afin de laisser aux autres divisions le temps de se
retirer. Mais en raison de la difficulté des communications, cet ordre lui parviendra trop tard, le
mouvement une fois commencé.

De leur côté, les Anglais font connaître qu'ils
ont l'ordre de s'en aller en nous laissant seulement
deux brigades; les deux autres vont s'embarquer
aux gares de Doiran et de Kilindir. A 11 heures
du soir, nouvelle dépêche; ils ont entendu dire
que les Bulgares ont pris Bogdanci et marchent
sur Doiran; ils regardent en conséquence la situation comme très périlleuse. Puis, ils reprochent à
la brigade Clermont-Tonnerre de ne plus les cou-

vrir comme elle le doit, et d'encombrer par ses
convois la route de la station de Doiran, ce qui
gêne leur propre mouvement de repli. En un mot,
ils revendiquent avec âpreté le privilège de filer
les premiers, que leur donnent les ordres qu'ils
ont reçus.

En réalité, leurs unités de première ligne, après
avoir été relevées dans leurs tranchées de Kara-
Oglular par le 235ᵉ, avaient commencé à s'installer
au bivouac un peu en arrière; ils voulaient rester
sur place, disaient-ils, parce que leur embarquement à la station de Doiran n'était prévu que pour
demain. Mais dès qu'ils nous avaient vus partir,
ils s'étaient mis en route eux-mêmes sans tarder
vers la gare, pour ne pas se trouver en arrière-
garde.

Comme nous ignorons ces détails, l'affaire nous
paraît bien embrouillée et demande à être éclaircie.
Si les circonstances n'étaient pas si graves, il
serait piquant de regarder nos alliés se rejeter la
balle avec le général Clermont-Tonnerre, s'accu-
sant réciproquement de partir trop tôt.

Entre temps, celui-ci était arrivé au quartier
général à Kilindir, faisant d'une traite plus de
30 kilomètres sur une mauvaise piste en pleine
obscurité, les yeux fixés sur la croupe du cheval
blanc qu'il faisait marcher devant lui pour le
guider dans la nuit noire. Il avait rendu compte
qu'il avait cru pouvoir se replier jusqu'à la

frontière grecque; il était inquiet pour sa gauche, où il avait entendu, du côté de Furka, le bruit d'une violente fusillade, avec des tirs de mitrailleuses; la brigade Rueff de la 156ᵉ division avait reculé; il avait relevé les Anglais en première ligne. Son ordre portant qu'il devait tenir la position jusqu'au repli de la 156ᵉ division et des Anglais, il n'avait plus de raison de rester isolé et dans le cas d'être débordé.

Il était en effet, et sans aucun doute, couvert par les termes mêmes de l'ordre qu'il avait reçu. Mais le général de division ne veut pas commencer la retraite sans savoir où en est exactement la division de gauche. Il lui ordonne donc de reprendre au moins la ligne Dolzeli-Doiran, d'y recueillir tout ce qui se trouvera à portée et de défendre énergiquement cette ligne avec la 65ᵉ brigade britannique.

Nouveau contretemps : celle-ci n'est plus disponible, puisqu'elle est déjà arrivée à la station de Doiran, répond à 1 heure du matin le général G..., commandant les Anglais. Il demande aussi qu'un officier de notre état-major vienne débrouiller l'embarras et apporter des ordres pour les deux brigades mises à notre disposition.

Il y a de la panique; elle a été causée par la nouvelle de l'occupation de Bogdanci, bien que ce fait ne touche en rien les troupes de la région de Doiran, puisque leur ligne de retraite est sur

Kilindir. Mais jamais à la guerre on ne supportera
facilement la présence de l'ennemi sur ses derrières.

12 décembre. — Le général décide d'envoyer
Boell voir ce qui se passe. Un officier de l'état-
major de l'armée, Habrant, qui se trouve en liaison près de nous, l'accompagne. Ils partent à
2 heures du matin pour la gare de Doiran.
Faute de chevaux, puisque notre convoi n'est pas
arrivé, ils n'ont pas d'autre moyen de s'y rendre
que le chemin de fer, à supposer qu'ils trouvent
un train. Ils mettent, dans la nuit noire, trois
quarts d'heure à faire les 1 200 mètres qui séparent
le quartier général de la gare de Kilindir. Par un
heureux hasard, un train montant passe avant le
jour. A la station de Doiran, ils trouvent le général G... dans un wagon avec son état-major; le
général est très calme; il est heureux, leur dit-il,
de voir des officiers d'état-major français qui vont
mettre un peu d'ordre dans ce chaos. En effet, il
s'est produit sur le chemin, entre un passage à
niveau et un gué, un affreux encombrement de
convois, de batteries, de colonnes anglaises et
françaises.

Les hommes se battent dans l'obscurité pour
passer, d'autres ont perdu la tête : « Vous n'allez
pas me laisser mourir là, » crie à ses camarades le

conducteur d'une voiture embourbée au milieu du gué. Il se portait fort bien et ne risquait nullement d'y rester.

Le général anglais regrette de ne pas avoir eu depuis hier soir de liaison avec son collègue français. D'ailleurs il est plein de philosophie. « Je suis un professeur de retraites, dit-il avec un mélange d'humour et de résignation. J'ai fait deux retraites dans l'Afrique du Sud, la retraite de Charleroi et maintenant la retraite de Macédoine. » Mais il n'a pas confiance dans les troupes de cette 10ᵉ division, mal instruite, paraît-il, et loin de valoir les excellentes divisions entraînées sur le front français. Les officiers sont trop jeunes; presque tous les anciens ont été tués aux Dardanelles, où ces régiments ont été fortement éprouvés. Leurs pertes ont été comblées par des hommes pris un peu partout; il n'y a pas assez longtemps qu'ils mangent la soupe ensemble, comme disait Bugeaud, et ils n'ont pas pris cet esprit de corps qui d'habitude est si vivant dans les régiments britanniques. Dans ces conditions il est naturel que les Anglais se préoccupent de savoir qui les couvrira si nous partons et demandent qu'on ne les mette ni à l'avant-garde ni à l'arrière-garde, mais au milieu de la colonne.

C'est Boell qui me donne ces détails quand je le retrouve vers 10 heures, installé dans un wagon à chevaux et prêt à revenir à Kilindir sa mission remplie. Le général m'avait envoyé à mon tour à la gare de Doiran voir ce qui se passait et regarder en particulier comment nous pourrions employer la voie ferrée pour nos évacuations.

Je pars à 8 heures, en automobile, suivi d'une seconde voiture qui doit ramener Boell et Habrant.

Au sortir de la ferme il faut traverser la rivière à gué; les deux voitures s'en tirent avec de l'eau par-dessus les moyeux, mais sans que le moteur soit arrêté. Nous nous engageons sur la piste sablonneuse, le long du chemin de fer. Il fait un épais brouillard. Nous croisons de longues colonnes anglaises, artillerie et convois, qui défilent sans interruption; les attelages sont admirables, surtout les mules, de grandes mules de l'Amérique du Sud. Mais les conducteurs ne se rangent pas volontiers; pour les obliger à céder le passage, il faut appuyer contre eux jusqu'à frôler leurs bêtes. Heureusement en beaucoup d'endroits on peut passer dans les champs, à droite et à gauche de la piste. A la traversée des ruisseaux encaissés, impossible de s'écarter en dehors du gué; on s'arrête alors et on guette une coupure dans la colonne pour s'y glisser. Les Anglais, toujours sportifs, admirent la hardiesse avec laquelle les chauffeurs lancent dans l'eau leurs voitures, et la manière dont celles-ci supportent cette rude épreuve.

Je rencontre aussi les trains de plusieurs de nos

régiments, qui vont les ravitailler sur leurs positions, du côté de Doiran; les hommes sont extrêmement fatigués. Pas tant cependant que ceux de la
brigade Rueff, coupée de sa division depuis hier, et
qui vient de se replier dans des conditions assez
difficiles. Le matin, au moment de quitter le quartier général, je m'entretenais avec le chef d'état-
major des événements de la nuit, quand nous
vîmes arriver deux de ses officiers. Ils racontèrent
des choses terrifiantes qui s'étaient passées de
leur côté : six compagnies avaient été cernées et
enlevées, tout comme une simple patrouille en
reconnaissance; des unités s'étaient fait tuer jusqu'à leur dernier homme... Nous les regardâmes
dans les yeux, et leur dîmes froidement : « Ce
n'est pas vrai. » Nous savons ce que valent ces
exagérations. Le commandant Gaussot rappelle
volontiers l'incident dont il fut témoin le 9 août
1914 au pont de Brunighoffen sur le canal de la
Marne au Rhin, pendant la première retraite de
Mulhouse. Un chef de bataillon revenant à cheval,
suivi d'une trentaine d'hommes, lui dit les larmes
aux yeux : « Voilà tout ce qui reste de la brigade... » Or elle se retrouva le soir même presque
au complet. C'est un fait d'expérience que quand
le moral est affaibli par les émotions, les fatigues,
l'idée du combat en retraite, surtout la privation
de sommeil, il se produit un déséquilibre intellec-
tuel qui enlève toute rectitude au jugement. Dans

les circonstances présentes, les inquiétudes causées par cet affreux brouillard étaient bien faites aussi pour déprimer les gens.

Chemin faisant, je prends dans mes voitures des blessés, exténués par les vingt-quatre heures qu'ils viennent de passer à dos de mulet depuis Furka; arrivé à la gare je les embarque dans un train en partance, chargé d'Anglais.

Ce sont ceux que nous avons vus hier refluer avec cette allure à la fois décidée et insouciante qu'ont les Anglais en pareil cas, quand ils s'en vont d'un pas régulier, les rangs rompus, le fusil jeté sur l'épaule et tenu par le canon (1). Nos hommes grognent; ce qu'ils leur reprochent

(1) D'ailleurs les Anglais n'ont fait qu'exécuter les ordres qu'ils avaient reçus. Nous eûmes toujours avec eux les meilleures relations et avons apprécié leurs grandes qualités. Nous savons tout ce qu'ils peuvent déployer d'esprit de prévoyance, de ténacité, de méthode dans l'exécution de résolutions froidement calculées et soigneusement mûries; leur évacuation de Seddul Bahr restera un modèle. Ce n'est pas ici le lieu de la raconter. Voici pourtant quelques détails, que je tiens d'un témoin sachant voir. Les tranchées les plus avancées restèrent occupées jusqu'à la dernière minute. Comme il fallait que l'ennemi les laissât tranquilles la dernière nuit, pendant laquelle aucun coup de fusil ne pourrait être tiré puisque les occupants des tranchées s'en iraient, depuis trois semaines ils ne tiraient plus entre 10 heures du soir et 6 heures du matin pour habituer les Turcs à la tranquillité pendant la nuit. Tous ceux qui ont pratiqué la vie des tranchées savent comment ces habitudes se prennent facilement et deviennent impérieuses. Les unités en première ligne sont parties les dernières. Pour être certain qu'aucun homme ne restait, elles passaient par colonne de demi-section devant le général de brigade, entouré de son état-major, comme pour une revue, et tous les

surtout, c'est de revenir à Salonique en chemin
de fer, tandis qu'eux s'en vont faire la route à
pied. Incidents inévitables entre alliés, quelle que
soit l'estime que l'on professe au fond les uns
pour les autres. Aussi, comme me le dit un officier anglais, il vaut mieux éviter de faire con-
courir à la même opération des troupes de nationalité différente. Si les choses vont mal, ce sera
toujours la faute de l'allié; si elles vont bien,
chacun sera porté à s'en attribuer le mérite
exclusif.

D'autre part nos soldats, qui depuis trois semaines ont supporté avec un grand courage des
fatigues et des souffrances extraordinaires et
dont le moral n'a pas faibli dans les circonstances
les plus pénibles, ont aujourd'hui un singulier
état d'esprit : ils veulent que la campagne de
Serbie soit finie; ils savent que l'ennemi est à
quelques kilomètres, mais n'admettent pas qu'il
peut les attaquer d'une heure à l'autre. Ils n'ont
plus qu'une idée, Salonique, et le bateau pour la
France. Cet espoir leur donne des jambes. En
attendant, ils profitent sans vergogne des provisions que l'Intendance anglaise avait amassées

soldats étaient contrôlés un à un. Quatre officiers et soldats
français étant restés jusqu'à 3 heures du matin pour faire
sauter les canons qu'on abandonnait (deux pièces de 24, deux
de 14), ils furent attendus par des postes échelonnés entre la
batterie et la plage, qui se replièrent seulement après avoir
constaté leur passage.

dans la gare de Doiran et qu'elle nous distribue généreusement plutôt que de les laisser à l'ennemi. L'évacuation des hommes et du matériel continue avec un ordre et une rapidité qui font honneur à l'esprit de méthode de nos alliés; mais le temps presse, et sur le quai s'amoncellent encore un grand tas de caisses de bois, facilement maniables; elles contiennent du corned beef, du lait condensé, des confitures, du lard fumé, des biscuits ronds qui feraient de bons gâteaux à thé, parfaitement emballés dans des boîtes de fer-blanc. On ne s'explique pas qu'avec cette abondance de denrées excellentes les soldats britanniques paraissent si souvent affamés et troquent tout ce qu'ils possèdent pour un morceau de pain.

Le brouillard est tel qu'on ne peut pas voir le lac depuis la route qui en longe le bord; je n'aperçois pas non plus la ville de Doiran, la plus importante et la plus pittoresque de celles où nous sommes passés en Macédoine; une partie s'étage sur une colline, tandis que les maisons des pêcheurs sont bâties sur pilotis au-dessus du lac. Les soldats ont été frappés de son aspect plantureux : c'est leur expression; ils ont acheté des écrevisses, grandes comme de petites langoustes, et du poisson en abondance. « Hérodote vantait déjà les perches du lac », nous a dit notre hôte de Kilindir, très fier des antiquités grecques.

Je reviens avec Boell; il me conte les incidents

de la nuit; nous échangeons nos impressions et tombons d'accord que si les Bulgares avaient poussé dans le brouillard sur la gare de Doiran, c'était la panique. Mais ils ne bougent pas. Un lieutenant grec, qui se dit député venizeliste, affirme qu'ils ne passeront pas la frontière. Il ajoute que, dans ce cas, les Grecs seraient avec nous; mais ils ne s'opposeraient pas à la marche des Allemands et des Autrichiens. Les soldats bulgares ont dû être bien accueillis à Doiran. Au moment où nous avons quitté la ville, toute la population turque et bulgare, vêtue de ses habits de fête, s'est portée en masse sur une petite colline, pour y attendre leur arrivée, qui n'a pas tardé. Ces gens ne nous avaient pas mal reçus; d'ailleurs, ils n'avaient aucun moyen de nous résister et n'ont pu que se soumettre quand nous avons ramassé dans leurs maisons tous les ustensiles de cuivre, que nous avons noyés dans le lac.

De retour au quartier général, nous apprenons que le général de division vient d'envoyer l'ordre au général Clermont-Tonnerre de se replier derrière la frontière, la droite appuyée aux Anglais et face à l'ouest. C'était la seule chose à faire.

La journée finit mieux qu'elle avait commencé : pas un seul coup de fusil sur tout le front; la ligne idéale de la frontière nous protège plus efficacement que le meilleur réseau de fils de fer.

Nous sommes aussi rassurés sur le sort de nos

régiments, qui se retrouvent au complet et réunis malgré les dangers d'un repliement fait dans un pays aussi difficile.

Notre impression (ne parlons que d' « impression » faute de posséder les éléments nécessaires pour discuter la question à fond) est qu'en attirant l'attention de l'Armée sur les difficultés d'exécution de l'ordre reçu le 8, d'après lequel il devait porter la division entière dans la vallée du haut Cinarli, le général l'a sauvée, ou a sauvé tout au moins son artillerie et ses convois. Faute de chemin, le 156ᵉ y a laissé des voitures et des caissons; notre présence n'aurait servi qu'à augmenter l'encombrement. Le *passage de lignes* n'est pas une manœuvre qui puisse s'exécuter en montagne et dans le brouillard comme au champ de Châlons.

De son côté, le général Clermont-Tonnerre, en faisant commencer le repli à 16 h. 30, a sauvé son détachement qui, vingt-quatre heures plus tard, aurait été, sinon bousculé de front (j'admets que les troupes auraient résisté à une pression constamment croissante), mais complètement tourné.

Est-ce à dire qu'on n'aurait pas pu coordonner le mouvement des deux divisions de manière à monter une manœuvre en retraite, qui se serait exécutée sous la protection d'une arrière-garde, unité constituée, — une brigade, par exemple, et non pas un assemblage de corps sans liens tactiques et étrangers les uns aux autres, — solidement retranchée et munie d'une nombreuse artillerie de montagne, la seule utilisable sur ce terrain? C'est là une autre question. Mais notre dotation en artillerie de montagne était dérisoire. D'ailleurs, il ne s'agit pas, pour le moment, de bâtir des hypothèses sur ce qui aurait pu être imaginé, mais de constater ce qui s'est réellement passé.

Le 260ᵉ s'est trouvé hier à Cerniste dans une position périlleuse. Il a vu les Bulgares gagner du terrain devant lui et le déborder sur sa gauche, qu'il savait découverte par la retraite de la division voisine : ses patrouilles avaient signalé qu'elles ne trouvaient plus que des sacs abandonnés sur les emplacements des petits postes avec qui elles étaient en liaison le matin. Adossé à une haute muraille de rochers infranchissables, si l'ennemi avançait, le régiment était comme au poteau d'exécution; il n'avait de retraite que vers la droite, par le lit d'un torrent sans eau. Heureusement, les Bulgares n'ont pas poussé; et comme le lieutenant-colonel Boigues avait pris la précaution de faire filer le matin tous les mulets, il put gagner Volovec par une marche de nuit très dure. Elle se fit la plupart du temps en file indienne, dans un ordre parfait : pas un homme ne resta en arrière. Il y retrouva le 242ᵉ, qui venait d'y arriver épuisé de fatigue, et aussi sans un soldat hors des rangs.

De même, quand le 235ᵉ, au point du jour, fit face en arrière pour aller, sous les ordres du lieutenant-colonel Vicq, réoccuper ses positions de la veille, ses hommes éreintés marchaient très lentement, mais formés par quatre, et tenant la droite du chemin avec autant de régularité que dans une marche du temps de paix. Une fois de plus, ces beaux régiments de la 57ᵉ division, modèles de discipline et d'esprit militaire, montrèrent ce que peut une troupe composée d'hommes faits, quand ils sont bien encadrés et commandés par des chefs de corps qui leur inspirent une confiance absolue.

Seul le 242ᵉ a été engagé. Envoyé hier matin à Furka pour appuyer la 156ᵉ division, il a eu sa retraite coupée par la progression des Bulgares sur ses derrières, du côté de Bogdanci. En position dès 7 heures, il avait reçu du général Bailloud l'ordre de rester en première ligne et de soutenir jusqu'au dernier moment le repli de la 312ᵉ brigade. A 9 h. 45, il est attaqué. On voit des forces importantes descendre des crêtes, du nord vers le sud; elles viennent se masser à un kilomètre environ de Furka; on a compté cinq sections de mitrailleuses qui sont entrées en action; deux batteries de montagne règlent leur tir avec le concours d'un avion allemand.

A 13 heures, un sous-officier, envoyé à Bogdanci pour chercher une section de munitions d'infanterie, revient en disant qu'il ne peut pas passer,

Bogdanci et la route au nord étant tenus par les Bulgares.

Il ne reste plus qu'une direction pour la retraite : celle de Volovec. Est-elle encore possible? L'ennemi est si près qu'on ne pourra se décrocher qu'en profitant de l'obscurité de la nuit; si donc les Bulgares continuent à attaquer, il faudra se faire tuer sur place.

Le lieutenant-colonel Borie, commandant le 242e, est d'un avis contraire; il veut essayer de se décrocher tout de suite sans trop de pertes, et, pour cela, de ne pas se laisser couper. Parfaitement maître de soi, avec un sang-froid et une lucidité qu'augmente la présence du danger, il expose son plan : avant tout, savoir si le compte rendu fait par le sous-officier est exact et si Bogdanci est réellement occupé; abandonner Furka, qui dans une heure ne sera plus tenable et où les munitions vont manquer; redresser le front face à l'ouest; masquer Bogdanci et faire tenir par un escadron de chasseurs d'Afrique la piste de Volovec, seule ligne de retraite possible. Dispositions parfaites. Mais l'exécution peut devenir difficile en face d'un ennemi établi à moins de 1 200 mètres et qui a peut-être la supériorité numérique, à coup sûr la supériorité morale que donne l'offensive.

A 14 h. 30, le feu des pièces de montagne et des mitrailleuses de l'assaillant atteint sa plus grande intensité; il fait une énorme consommation de munitions ; heureusement il tire mal. On brûle les papiers, les ordres, les documents de toute sorte qui, en cas de malheur, pourraient renseigner l'ennemi. Le colonel Rueff, commandant la 312ᵉ brigade, donne l'ordre du repli et enjoint au lieutenant-colonel Borie de l'organiser. Il se fait par échelons, sous la protection des deux compagnies qui sont en ligne ; l'ennemi, maintenu par des feux de salve, reste de l'autre côté du village sans chercher à avancer. Mais il domine nos positions et voit tous nos mouvements ; aussi la route et le poste de commandement du lieutenant-colonel sont-ils copieusement arrosés de projectiles. Au sortir de ses tranchées, la compagnie Jeanneret a vingt mètres à faire sous le feu des mitrailleuses qui la prennent de flanc ; les hommes sortent un par un, en courant ; plusieurs sont blessés.

Voici le récit très émouvant qu'a fait de la retraite le capitaine Troufleau, du 242ᵉ (1) :

« Quand l'ordre est donné de se replier sur Volovan, Volovec, on part sans hâte : les hommes n'ont pas l'air pressés, les officiers et les sous-officiers reforment les sections ; elles se dirigent vers le pied de la montagne ; chacun prend son temps pour traverser les oueds qui barrent la route : il ne faut pas se mouiller les pieds, car l'étape sera longue.

---

(1) Professeur de rhétorique supérieure au lycée de Bordeaux, tué en septembre 1916 à la chapelle Saint-Elie.

« Mais quelles sont ces lueurs d'incendie qui apparaissent derrière un tournant du chemin?... Deux automobiles du service de santé sont en flammes. On comprend immédiatement : n'ayant plus aucune issue pour s'échapper, les conducteurs les ont détruites pour qu'elles ne tombent pas aux mains des Bulgares. Plus loin on rencontre quelques voitures abandonnées, mais intactes. Celles-là non plus ne doivent pas être laissées à l'ennemi : aidé d'un agent de liaison, un officier les rapproche l'une de l'autre, forme un foyer avec des papiers trouvés sur place, des chiffons, et présente une allumette... Le papier est humide, il ne peut pas brûler... Comment faire? On ne peut pourtant pas abandonner ce matériel aux Bulgares. Le soldat tire de sa poche une petite fiole d'essence qu'il réserve pour entretenir son briquet de fumeur. Les chiffons sont arrosés; une nouvelle allumette réussit cette fois à y mettre le feu, et l'incendie s'allume. Satisfait, le soldat remet sa fiole vide dans la cartouchière et conclut : « Comme ça, « mon lieutenant, ils ne les auront pas. »

« La 20ᵉ compagnie arrive et défile. Le capitaine vérifie son monde au passage; il lui manque des blessés; il ne peut pas s'en aller ainsi; il retourne en arrière et ne revient qu'avec le dernier: Il a vu les Bulgares se précipiter dans le village en poussant de grands cris.

.   .   .   .

« Les brancardiers commencent à être fatigués sérieusement ; les blessés légers sont hissés sur les chevaux des officiers et des éclaireurs montés ; les blessés graves restent sur les brancards ; des soldats de bonne volonté doublent les équipes de brancardiers. C'est admirable qu'après une semaine d'étapes, de veilles, de combats, affamés, exténués, des hommes s'offrent pour un tel surcroît de fatigue. Pas de fraternité qui puisse être comparée à celle-là.

« Et l'ascension de la montagne continue. Une nuit claire, une vraie nuit d'Orient permet d'éviter les précipices dans lesquels on risque de tomber presque à chaque pas. Les hommes, songeurs qu'ils étaient au début, ont retrouvé leur bonne humeur ; le sac est lourd, màis on le supportera pourtant. On ne saurait se faire une idée de l'amour que le fantassin témoigne pour son sac : c'est toute sa fortune, tout son bien-être qu'il transporte sur le dos : les vivres de réserve, le linge de rechange, les lettres de la famille qu'on aime à relire dans la tranchée, la couverture et la toile de tente si bonnes à retrouver la nuit quand il pleut... Dans un temps d'arrêt occasionné à l'avant par un passage difficile, on bourre une pipe, on sort un biscuit, on échange ses impressions... On entend :
« C'est dommage que nous soyons partis si tôt,
« nous en aurions descendu encore davantage.
« Te souviens-tu du grand qui courait comme un

« diable et que nous avons fauché nous deux...
« et leur sacrée mitrailleuse qui nous prenait d'en-
« filade, nous la faisions bien taire avec nos feux
« de salve. »

« La marche reprend, pénible, les hommes bu-
tant contre les pierres, les chevaux solidement
tenus en main pour éviter un faux pas. On traverse
Paljorga, accroché aux rochers et dont on devine
les façades blanches des maisons, les toits écrasés ;
on ne s'arrêtera qu'à Volovec à 22 heures, après
cinq heures de marche. Le régiment est regroupé ;
on est hors d'atteinte de l'ennemi ; les premiers
arrivés peuvent casser une croûte ; les équipes de
brancardiers se changent ; les médecins se renseignent sur l'état des blessés.

« A 22 h. 30 on repart, direction du sud. La
piste n'est pas meilleure, elle est même plus étroite
que celle qu'on vient de quitter ; cette grimpée à
travers un chaos de rochers est terrible. La colonne
s'allonge ou se ralentit, il faut courir ou piétiner ;
les hommes sont harassés. A chaque arrêt, ils
s'écroulent sur le sol, le sac au dos et immédiatement font entendre des ronflements sonores.
Mais les gradés veillent ; aucun homme ne doit
rester en arrière ; les officiers s'approchent des
dormeurs, les secouent quand c'est nécessaire :
« Debout, camarade, du courage, on repart... » Et
la marche reprend. Les pentes toutes remplies de
brouillard succèdent aux cimes qui en émergent.

Depuis là-haut on aperçoit comme dans un nuage, à ses pieds, le lac de Doiran.

« Quelle est cette masse noire inerte, au fond de ce ravin? Un homme remonte, s'accrochant aux rochers, traînant un fardeau. Il renseigne : « C'est mon mulet de pièce qui a roulé; il a les « reins brisés, mais je rapporte le bât, nous n'en « avons pas de rechange; il faut bien transporter « notre mitrailleuse. » On regarde la piste où l'accident s'est produit : elle n'a que trente centimètres de large; le mulet, fatigué par les cent kilos qu'il porte depuis le matin, a fait une faute; son pied a manqué le terrain solide et la bête a été précipitée dans le vide.

« A 3 h. 30 du matin, on arrive enfin aux ruines d'un village qui a été Doldzeli; on a la sensation qu'il faut s'arrêter. Rien ne s'y oppose, l'ennemi surpris par la rapidité du décrochage a perdu le contact; il est maintenant loin derrière, et là on trouvera un semblant d'abri pour les blessés.

« Le lieutenant-colonel donne l'ordre de former le bivouac; on repartira à 6 heures, ce qui permettra d'arriver à l'étape pour midi. En moins de cinq minutes les faisceaux sont formés, chacun a déroulé sa couverture et sa toile de tente et s'est étendu sur l'herbe humide; on va enfin pouvoir prendre quelques instants de repos... On s'est battu toute la journée et on marche depuis bientôt douze heures...

« Le camp est endormi, seules les sentinelles
veillent, continuant à arpenter le terrain d'un pas
que le sommeil et la fatigue rend moins alerte... »

13 décembre. — Le brouillard a cessé; temps
gris et doux. Un grand mouvement anime la vallée. Les Anglais continuent à passer, leurs convois sur la piste, leur infanterie en chemin de fer;
entassés dans les wagons à chevaux et sur les
trucs, ils chantent, l'air parfaitement heureux,
comme des gens qui en ont fini pour quelque
temps avec la vie en campagne, ses labeurs, ses
misères.

Des camps se dressent aux alentours de la gare
de Kilindir. Les soldats font leur toilette et leur
lessive dans le torrent; les effets et le linge
sèchent étalés sur les galets. Après les fatigues et
les émotions des journées précédentes, c'est la
détente provenant du repos et d'un profond sentiment de sécurité. Sécurité peut-être précaire, car
elle est fondée seulement sur le respect que les
Bulgares garderont pour la barrière convention-
nelle de la frontière. Mais les hommes n'en cherchent pas si long; ceux qui sont là se sentent en
seconde ligne; ils savent que la première ligne au
contact avec l'ennemi n'a pas été attaquée hier, et
cela leur suffit.

A la gare, beaucoup de désordre et d'agitation.
Français et Anglais se disputent les trains, pour

embarquer, qui leurs voitures, qui leurs hommes, car à l'inverse de ce que nous faisons, ce sont leurs convois et leur artillerie que les Anglais replient par voie de terre. Il est vrai que leurs voitures sont mieux attelées que les nôtres; ils mettent quatre et huit bêtes là où nous en mettons deux et six, et leurs grandes mules sont plus vigoureuses que nos chevaux.

D'autre part, le rendement de la voie est faible et irrégulier. Sur la ligne de Krivolak, nous nous étions substitués au personnel serbe et avions pris en main l'exploitation. Ici nous ne sommes plus en Serbie, mais en Grèce; nous payons aux Grecs une forte somme pour l'emploi que nous faisons de leur chemin de fer, et ils restent les maîtres sur la ligne. D'ailleurs, elle est parcourue par les trains qui vont et viennent entre Salonique et Constantinople. Les employés grecs sont soupçonnés d'entraver le service en opposant la force d'inertie; il y a dans leur cas autant d'inexpérience que de mauvaise volonté; beaucoup sont nouveaux, ayant remplacé les employés titulaires mobilisés en Grèce, en Bulgarie, en Turquie.

La vue du ravitaillement des Anglais donne l'occasion d'admirer leur esprit pratique : les caisses de bois contenant les conserves sont aisément maniées par un homme, et les sacs d'avoine ne pèsent pas plus de 30 kilogrammes, de sorte qu'on les jette sans difficulté du wagon sur le quai, puis sur les voitures. Chez nous, l'avoine est ensachée dans des sacs de 70 kilogrammes; pour en remuer un, il faut deux hommes robustes; le premier le charge sur le dos du second, qui le porte péniblement; avec une fatigue beaucoup plus grande, ils vont trois fois moins vite que les Anglais pour le même travail.

Journée assez calme. Un télégramme de l'Armée, reçu cette nuit, nous prescrit de rester sur nos positions : défense de bouger jusqu'à ce que les troupes de la tête de pont de Guevgueli aient commencé leur repli. Mais les liaisons sont si difficiles que nous nous demandons comment nous pourrons en être informés. On paraît inquiet sur notre sort et surtout sur celui de la 156ᵉ division; on nous prie de faire connaître si nous sommes au complet et d'indiquer quels éléments de la 156ᵉ sont avec nous; ils seront dirigés sur la région de Karasuli, où ils rejoindront le reste de leur division.

Un peu plus tard, nous recevons l'ordre de demeurer en deçà de la frontière, de ne tirer sur l'ennemi que s'il la franchit lui-même et, dans ce cas, d'opérer sur la voie ferrée les destructions nécessaires, sans tenir compte des protestations des Grecs.

Aux avant-postes, il y a de l'énervement. Le 235ᵉ demande des instructions : il voit circuler des patrouilles ennemies; des éclaireurs, cavaliers et fantassins, garnissent les crêtes; de fortes colonnes avancent sur la route qui borde le lac et entrent dans Doiran; on sent que les Bulgares amènent peu à peu du monde. Notre artillerie doit-elle ouvrir le feu? Dans la soirée, nouvelle expression de ces inquiétudes; elles sont bien naturelles à l'approche de la nuit : l'ennemi peut lancer par surprise une grosse attaque qu'il aura préparée à loisir et sans être inquiété.

D'autre part, nos reconnaissances de cavalerie ne peuvent nous donner aucun renseignement : non seulement elles ne doivent pas franchir la frontière, mais les postes grecs leur interdisent de dépasser certains points sous le prétexte qu'ils assurent eux-mêmes la surveillance; ils arrêtent nos patrouilles; seuls, les officiers ont été autorisés à pousser en avant jusqu'aux positions occupées par un bataillon grec. L'attitude des officiers grecs est d'ailleurs assez affable; ils prétendent que 10 000 Bulgares se trouvent à Doiran et que les Allemands y sont attendus demain. Des avions nous seraient utiles pour nous fournir des renseignements précis. Que font-ils à l'arrière, maintenant que le temps est redevenu clair?

Comme souvent en pareil cas, l'énervement se traduit par des mesures prises contre la population. On nous amène une vingtaine de Turcs ramassés aux avant-postes. Je sors et vois dans la nuit un groupe serré d'où partent des gémissements; des soldats l'entourent, la baïonnette au canon. A la lueur d'une lampe de poche, je distingue trois vieillards; le reste sont des enfants de sept à quinze ans; les plus petits pleurent silencieusement ou avec de grands sanglots; ils viennent de faire une quinzaine de kilomètres, sont épuisés et dans une angoisse affreuse du sort qui les attend. Ils font pitié. Impossible de les renvoyer chez eux en pleine nuit. Je les confie à Stein; la chose lui revient en sa qualité de commandant du Quartier Général, et, lui-même père de famille, il fera ce qu'il faut. En effet, cinq minutes après, tous ces malheureux étaient répartis dans les maisons du village.

14 décembre. — Encore une alerte pendant la nuit. Cette fois elle vient de Salonique. L'Armée nous télégraphie que le bruit court que les Bulgares auraient franchi la frontière au nord du lac Doiran. — Pourtant si cela était, nous le saurions. — En tout cas, nous devons envoyer de fortes reconnaissances dans la direction indiquée. Or c'est impossible, puisque les Grecs interdisent le passage, même aux patrouilles de cavalerie. Mais si l'on croit les Bulgares capables de violer la frontière, pourquoi nous laisser en contact avec eux depuis trois jours?

Arrive enfin l'ordre de continuer le mouvement de repli. Les trois divisions vont se retrancher en avant de Salonique, appuyées aux Anglais qui tiendront la droite jusqu'au golfe d'Orfano; elles doivent être en position avant le 19, date prévue pour les élections grecques; c'est probablement afin de mettre les Grecs en présence du fait accompli. Notre départ est fixé à demain. Mais il sera dit que jusqu'au dernier moment nous aurons eu des émotions. Pendant le dîner, un coup de téléphone. C'est le général V..., commandant une brigade anglaise, qui signale l'avance de 5 000 Bulgares sur sa droite. Une demi-heure après, il dément la nouvelle.

J'ai fait une longue visite à notre hôte. Il me reçoit dans la grande pièce au sous-sol où il se tient depuis que nous occupons sa maison. Les rayons de la bibliothèque sont vides de livres. Comme le reste de la maison cette pièce sent le déménagement ou le pillage; en effet, tout a été pillé par les comitadjis bulgares pendant les guerres balkaniques. Jusqu'aux dernières élections, M. C... était député à la Chambre grecque. Il vit avec son fils qui répond au prénom bien hellène de Pylade. Celui-ci a été élevé en France; comme son père, il parle le français couramment; il parle aussi l'anglais, l'allemand, le portugais, le turc et le grec.

Tous les deux surveillent l'exploitation de leur domaine. M. C... est propriétaire du tsiflik de Kilindir : quarante-sept maisons, un millier d'hectares. Les familles habitant ces maisons ne possèdent rien en propre. Ces gens, m'explique-t-il, sont des associés plutôt que des locataires; aucun contrat écrit ne les lie au propriétaire; il peut les renvoyer quand il lui plaît; eux-mêmes sont libres de s'en aller, mais la coutume veut que l'année commencée ensemble soit toujours finie jusqu'après la récolte.

Chaque famille cultive autant de terre qu'elle le peut; la moitié des produits lui appartiennent. Le reste de la terre est cultivé directement par les soins du propriétaire. En plus des bêtes qui lui sont nécessaires pour la culture, chaque famille a droit à quatre vaches. Elle possède aussi un petit jardin qui lui donne les légumes du pays : choux, poireaux, piments.

Il m'a paru qu'il n'y avait aucun lien moral entre le seigneur et ses tenanciers; il les méprise comme des êtres inférieurs et les tient pour des gens d'une autre race; ce sont des Bulgares, des Bulgarophones, si l'on veut. La génération qui vient sera grecque. Quand M. C... expulsa de Kilindir le pope exarchiste et installa à sa place un pope orthodoxe grec, les habitants se montrèrent récalcitrants à se ranger sous la houlette du nouveau pasteur. Ceux qui ne se laissèrent pas persuader furent enfermés dans l'église sans boire ni manger; quand ils ne purent plus y tenir, ils cédèrent. C'est ainsi que la population de Kilindir fut ramenée de l'exarchisme au patriarcat. Les enfants apprennent le grec à l'école.

Dès notre arrivée à Kilindir, M. C... nous a donné des renseignements très intéressants ; ainsi il nous avait affirmé que les Bulgares ne franchiraient pas la frontière. Il connaît bien les choses balkaniques et les juge froidement, en homme retiré des affaires. Il les regarde du point de vue pratique et réaliste, ce qui les lui fait voir sous une couleur toute différente de celle que nous montrent les publicistes officiels. Aussi est-ce un plaisir de causer avec lui. Il regrette que les Alliés n'aient pas accueilli les propositions que la Grèce leur a faites en mars 1915 ; alors elle ne demandait qu'à intervenir à leurs côtés ; elle y mettait seulement comme condition que les Alliés enverraient 300 000 hommes, effectif nécessaire pour réussir à coup sûr, en écartant toute possibilité d'un échec qui eût été désastreux. Les Grecs étaient prêts à marcher sur Constantinople par la Thrace et Andrinople. Mais les Alliés n'ont envoyé personne, et les Russes se sont opposés à l'entrée des Grecs à Constantinople. Quant à une intervention de la Grèce dans les conditions présentes, il n'y faut pas songer : l'exemple de la Belgique et de la Serbie lui sert de leçon. Les Alliés ne sont pas en forces suffisantes pour la préserver de l'invasion. Pourquoi n'ont-ils pas envoyé plus de monde ?

Et bien d'autres choses encore. D'ailleurs il est convaincu que nous finirons par avoir raison de l'Allemagne. Avec un état d'esprit qui est presque celui des Grecs de l'antiquité en face des Barbares, il regarde les Serbes et les Bulgares comme aussi peu intéressants les uns que les autres : ce sont des peuples qui ont un orgueil et des ambitions disproportionnés avec leur degré de civilisation.

15 décembre. — Les troupes commencent leur mouvement de repli en deux colonnes, à droite et à gauche de la voie ferrée. Pour faciliter les liaisons, le général a décidé de faire l'étape en chemin de fer et d'avoir son poste de commandement dans un wagon.

A 9 heures, nous quittons Kilindir sous une pluie fine. Notre train est en gare. On embarque les automobiles, une partie des chevaux et des voitures; le reste suivra la piste. L'État-Major et les Services s'installent dans deux wagons à couloir que le commandant Delaunay, directeur des chemins de fer, a eu l'amabilité d'envoyer au général. Il n'y a plus qu'à attendre l'heure du départ, fixé à 13 heures. Mais nous avions compté sans nos hôtes. Les employés grecs du chemin de fer font en gare des manœuvres interminables; on dirait qu'ils s'amusent à renvoyer les rames de wagons d'une voie sur l'autre à grand

renfort de coups de sifflet et de heurts bruyants.
Après avoir été plusieurs fois fait et défait, le train
est enfin reformé au complet; il ne reste plus qu'à
prendre l'eau. Les Grecs refusent alors de laisser la
locomotive s'alimenter au réservoir, sous le prétexte que c'est une machine serbe. On parlemente
sans succès. Reste le recours à la force : elle
réussit toujours là où échoue la diplomatie, en
Grèce surtout. La Sagesse n'y est-elle pas représentée par une déesse casquée, armée d'un bou-
clier et d'une lance « où brille l'airain acéré,
longue, pesante et invincible »? Le poste de police
prend les armes, et l'opération se fait sous la protection des baïonnettes.

Nous allons partir, mais la voie n'est pas libre,
ou plutôt, impossible de savoir si elle l'est, la gare
de Sarigöl ne répondant pas aux appels téléphoniques qui lui sont adressés.

Cependant arrive un train de Salonique allant à
Andrinople, Sofia et Constantinople. Il est rempli
de soldats hellènes : la Grèce a un corps d'armée
mobilisé dans la région de Sérès. Il y a aussi des
Turcs, des Bulgares, des Allemands, bien reconnaissables. Quelle situation bizarre que la nôtre :
non seulement nos ennemis ont à Salonique des
représentants officiels, qui agissent contre nous à
découvert et renseignent leur gouvernement sur
tout ce que nous faisons, puisqu'ils comptent un
à un les hommes et les canons qui débarquent.

Mais ils peuvent traverser nos lignes, examiner nos positions, voir nos troupes en marche et au cantonnement.

Enfin la voie est libre, nous nous croyons sauvés. Nouvelle objection du chef de gare, qui invoque le règlement interdisant sur cette voie, pour des raisons techniques, la circulation des trains ayant plus de vingt wagons. Pourquoi ne pas l'avoir dit plus tôt, alors que nous lui avions proposé de former deux trains?

La nuit est venue. Cette fois, exaspéré, le général décide de passer outre. Le capitaine du génie commandant le détachement des sapeurs de chemin de fer met sur la machine comme mécaniciens deux de ses hommes — c'est par là qu'il aurait fallu commencer — et le train démarre à 19 heures.

Au milieu de la nuit je suis réveillé par un ralentissement de la marche, pourtant bien lente déjà. Dans un demi-sommeil, j'entends la machine qui halète comme une bête essoufflée; elle se tait et le train s'arrête dans un grand bruit de wagons heurtés les uns contre les autres. Le chef de gare avait raison : le train, trop lourd, est bloqué dans une rampe à 14 pour 100.

Grande consultation. De prétendus techniciens disent leur mot. Les mécaniciens sont adjurés de faire un suprême effort. A trois reprises ils poussent les feux, la machine souffle des nuages de fumée, crache des torrents de vapeur. Mais en vain; les rails sont rendus glissants par la pluie, et pour comble de difficultés la rampe est juste dans une courbe. Pas d'autre solution que de couper le train et de laisser en panne quatorze wagons sur trente-quatre; on reviendra les chercher.

Vers 4 heures du matin, arrivée à Sarigöl, la station de Kukus où nous devions cantonner et où sont les chevaux et le convoi du Quartier Général. On tient conseil; descendons-nous ou pousserons-nous plus loin? Une solution moyenne sort finalement de là délibération : le chef d'état-major est délégué avec Boell pour y assurer jusqu'à midi une permanence de l'État-Major; ils rejoindront à cheval Salamanli, jusqu'où le général décide de pousser.

Quand le train s'y arrête, à 7 heures, il ne fait pas encore clair; le jour se lève comme à regret sous un ciel bas, la pluie tombe à torrents. C'est une toute petite station, dont la gare minuscule semble un jouet d'enfant perdu dans la plaine. Le village se réduit, paraît-il, à quelques maisons démolies.

16 décembre. — Le contact est pris avec les colonnes; elles marchent péniblement dans des chemins que la pluie transforme en fondrières.

Roffignac, flanqué de l'interprète serbe que cette

chevauchée aquatique n'amuse pas, part pour
Gjorzine, à 15 kilomètres, avec la mission de
reconnaître si le Quartier Général peut y cantonner. En attendant son retour, le général reste
dans son wagon, qu'il ne veut pas abandonner :
sage précaution. La popote s'installe dans une
sorte de corps de garde. Nous prenons comme
table l'estrade de planches inclinées qui sert habituellement de lit aux travailleurs de la voie. Elle
est encombrée de sacs de maïs; on les repousse
au fond pour avoir la place de poser les assiettes;
une planche sur des caisses sert de siège. Mais
tous ne peuvent pas s'asseoir devant le lit de
camp; une autre installation de fortune à côté sur
d'autres caisses, et c'est un dîner par petites tables.
Nous sommes contents de manger chaud.

Il y a près de la gare un grand tas de foin pressé
en balles; les hommes ne sont pas longs à en tirer
parti. Avec les balles cubiques et les toiles de
tente, ils se font des niches individuelles et des
abris pour trois ou quatre; ils y sont au chaud et
à couvert. Les feux des cuisines s'allument : perpétuel sujet d'étonnement que de voir des feux
brûler sous la pluie. Les bêtes, ânes, chevaux,
mulets, dans la boue jusque par-dessus les patu-
rons, ruissellent. Je m'arrête plein de compassion
devant un ânon, velu comme une chèvre et pas
plus haut, pauvre petit malheureux qui suit sa
mère depuis Pepeliste. La queue entre les jambes,

la tête basse, l'œil mi-clos, il reçoit la pluie, l'air très misérable, sans même secouer les oreilles. « Il ne faut pas le plaindre, me dit son patron : il a toujours cet air-là, même quand il se chauffe devant un bon feu. » Allons, tant mieux.

A la nuit, Roffignac revient de Gjorzine : impossible d'y songer pour un cantonnement; il n'y a que de pauvres maisons de paysans, comme dans tous les villages de la région.

17 décembre. — La pluie a cessé; le temps est doux. Il n'en faut pas plus pour rendre à tous le courage et la bonne humeur; l'effet est instantané et chaque fois je l'admire. Les camps s'animent; on fait sécher les vêtements trempés.

A 9 heures, je pars à cheval avec deux dragons. Mission : reconnaître une piste pour gagner notre campement définitif, à une douzaine de kilomètres de Salonique. Nous suivons d'abord la voie ferrée; le ciel se découvre peu à peu; un pâle soleil luit. Des milans sont posés, immobiles, sur les poteaux télégraphiques; sans leur tête qu'ils tournent lentement, on les dirait empaillés. Le pays semble désert et sauvage. A gauche de la voie, des marais couverts de roseaux s'étendent jusqu'au Galiko; à droite, des champs où l'eau s'étale sur de larges surfaces.

L'impossibilité de passer sur les ponceaux nous force à quitter la voie; nous prenons une piste qui

se perd bientôt. Nous voilà en pleine inondation.
Le sol est assez ferme et les chevaux n'enfoncent
pas, mais il faut franchir des canaux où l'eau coule
à pleins bords. Tant bien que mal, nous gagnons
un chemin qui s'élève sur des hauteurs et arrivons
à un grand ravin ; il débouche sur une large grève
de sable au bord du Galiko. Des Anglais y sont
campés. Un sous-officier de chasseurs d'Afrique,
qui se trouve là avec une, patrouille, nous dit que
les rives du fleuve, si engageantes, sont dange-
reuses ; il y a par endroits des sables mouvants. Je
remonte alors le ravin. Posé sur la crête, un aigle
à tête blanche, le premier que je vois dans le pays,
se laisse approcher jusqu'à vingt mètres. La piste
continue, boueuse et défoncée par les Anglais, qui
passent depuis plusieurs jours. Elle traverse de
grandes friches, où paissent des moutons ; le terrain, doucement mouvementé, rappelle un paysage
champenois. Au contraire, sur la rive gauche du
Galiko, ce sont des montagnes qui s'élèvent d'un
seul jet, rocailleuses, grisâtres, tachetées de vert
sombre par d'innombrables buissons.

En arrivant sur une hauteur, je découvre une
plaine basse sur laquelle de hauts tumulus se
dressent comme des tables gigantesques ; elle
s'étend à perte de vue, sans horizon qui la borne ;
tout au fond, dans le ciel, de grandes silhouettes
noires : ce sont les cuirassés sur la rade de Salonique. Impossible de distinguer le ciel de la mer ;

ils se confondent dans une brume d'un blanc jaunâtre.

Il est une heure après midi. Nous nous arrêtons au bord de la piste pour manger. Une brigade anglaise défile devant nous, égrenée sur trois kilomètres. On ne voit pas une unité constituée; les hommes marchent par groupes de trois ou quatre; beaucoup s'arrêtent, s'assoient ou se couchent là où ils trouvent une place sèche. S'ils n'avaient pas l'air si fatigués, on les dirait en promenade.

Je continue jusqu'à ce que j'aperçoive les charpentes du long pont de bois sur lequel la route de Monastir franchit le Galiko. C'est cette hauteur, portée sur la carte comme le village ou la ferme de Samli, qui nous est assignée pour lieu de campement. Mais il n'y a pas le moindre village, pas même de maison isolée; nous serons sous la tente.

Demi-tour, et en route pour la station de Salamanli. Je reconnais une autre piste bien meilleure : c'est la route de Salonique à Kukus. Elle nous mène à Gjorzine; même sous les rayons du soleil couchant, le village paraît aussi misérable que Roffignac l'avait vu hier. Je le traverse et m'avance sur un éperon qui domine le pays. Un merveilleux spectacle me paye de cette longue randonnée de cinquante kilomètres par monts et par vaux. Dans la plaine grise un lac s'étale ; à cette heure tardive

il reflète un ciel bleu turquoise au zénith, rose et
jaune vif à l'horizon. Enchâssé dans les terres que
le crépuscule fait encore plus ternes, il offre au
regard sa nappe lumineuse et dorée, et, dans ce
paysage sans couleur, brille d'une chaude clarté,
qui fait valoir la courbe harmonieuse de ses bords.

Mais la nuit vient. Le chemin de Salamanli fait
un long détour par le nord et l'ouest. Il faudrait
couper court en serrant le lac du côté de l'est, mais
je ne me risque pas à passer trop près, de peur de
rencontrer un sol marécageux, et j'essaie de rega-
·gner la piste suivie le matin. Les montagnes se
découpent encore sur le ciel pâli; la neige qui
blanchit leur cime dentelée semble avoir été posée
au pinceau, tant la ligne qui marque la limite de la
fonte est nettement tracée. Puis la nuit tombe tout
à fait. Nous poussons à travers champs, assez
inquiets sur les fossés et les marais qui peuvent
se trouver dans cette plaine basse. J'entends ca-
queter des oies sauvages : c'est mauvais signe.
Pourtant le sol est toujours bon au pied des chevaux. Nous continuons. Tout à coup les oies
s'envolent de tous les côtés; elles montent et
passent en grandes bandes au-dessus de nous; on
entend le battement de leurs ailes; l'obscurité est
remplie de leurs cris. Nous sommes dans le marais,
les chevaux clapotent. Vais-je apercevoir le roi
des Aulnes, qui chevauche, son enfant dans les
bras? Non, la lune s'est levée; sa froide et pâle

lumière ne laisse pas de place à l'illusion; elle détache nettement les buissons et jusqu'aux herbes qui pointent dans l'eau brillante et immobile. Heureusement elle éclaire assez pour montrer les canaux; ils sont le seul danger, le sol étant ferme partout. Il faut trouver les gués. Qui les indiquera dans cette solitude? Nous voyons moutonner dans un rayon les dos d'un troupeau; le berger hélé nous montre les passages et nous sortons du terrain inondé. La voie ferrée est bientôt rejointe; encore quatre kilomètres et voici dans la nuit les feux du bivouac de Salamanli.

18 décembre. — A 8 heures, départ pour Samli, où nous devons camper; c'est la dernière étape du mouvement de repli. Laissant le Quartier Général filer par la piste de Narès, je contourne le lac d'Adzi par Jadzilar et Golobasi. Sous la pluie qui tombe, ces villages semblent affreusement misérables; beaucoup de maisons ont été démolies dans les guerres précédentes. Impossible de trotter tant la piste est mauvaise; les chevaux glissent ou enfoncent. Le lac, qui m'était apparu hier soir enfermant dans ses rives si mollement arrondies les roses et les ors d'un couchant radieux, n'est plus qu'une morne étendue d'eau trouble, dont les bords sont perdus dans la brume. Je rejoins sur la pente qui monte à Gjorzine les convois de nos régiments. Des voitures dételées sont échouées dans la boue, attendant que leurs chevaux reviennent les chercher : il faut doubler les attelages pour franchir les passages difficiles, et celui-là en est un. Le terrain est défoncé sur une largeur de cinquante mètres; chacun appuie à gauche ou à droite pour éviter ces terribles ornières, ouvertes dans l'argile compacte, où les roues disparaissent jusqu'au moyeu; le sol à côté paraît meilleur parce qu'il est uni à la surface, mais il est pire encore, n'étant pas tassé comme sur la piste séculaire; on n'en trouve pas le fond solide. Les arabas avancent péniblement, tirées par trois ou quatre chevaux; les cuisines roulantes sont attelées à huit. A chaque pas, les chevaux arrachent leurs jambes de la terre grasse et collante, et laissent un trou dans lequel les suivants viennent buter. Les hommes les poussent à grand renfort de cris et de claquements de fouet. Que d'affreux jurons!

Une colonne d'infanterie chemine lentement. Malgré leur fatigue, les soldats marchent en ordre; il n'y a pas de traînards.

La pluie s'est changée en brouillard; on n'y voit pas à cent mètres; à Gjorzine, impossible de trouver la sortie du village et la route de Salonique. Le colonel Lados, qui se trouve là avec son régiment, me prête un interprète pour demander un guide dans le village. Il nous met sur la piste; il n'y a plus qu'à la suivre jusqu'à Samli.

L'emplacement assigné à notre camp s'étend à droite de la route de Salonique à Monastir; à gauche sont des camps d'aviation. Si mauvaise que soit cette route, c'est une chaussée empierrée, la première que nous voyons depuis Negotin; elle franchit le Galiko sur un pont de bois long et étroit, comme celui de Vozarci sur la Cerna.

Par ce triste temps, la première impression n'est pas bonne; tous ces terrains ont déjà été occupés par des camps; ils sont défoncés et couverts de débris. Les corbeaux ont bien nettoyé tout ce qui se mange, mais ils ne peuvent rien contre ces boîtes de métal bleu, jaune ou blanc qui ont contenu le corned beef, la confiture et le lait condensé, et jalonnent en si grand nombre les bivouacs des Anglais et les chemins suivis par eux. Le séjour dans cette boue ne sera pas possible, mais il est trop tard pour chercher mieux; l'essentiel est d'avoir où coucher ce soir.

Une équipe, envoyée de Salonique par l'Intendance, dresse déjà des tentes coniques, du type dit « marabout ». Les chevaux et les mulets sont alignés derrière les cordes tendues; les voitures ont formé le parc. Quand le général arrive à la nuit, tout est à peu près installé.

CHAPITRE VIII

Nous restons à Salonique. — Le camp retranché. — Le paysage.
— Les travaux. — L'attaque ennemie est improbable. — La
plaine du Galiko. — Salonique. — Pella. — Un mariage macédonien. — Illusions et mysticisme politique.

19 décembre. — Voilà donc nos trois divisions et
l'armée britannique campées en avant de Salonique et organisant un grand camp retranché. Il
paraît que cette décision n'a pas été prise sans difficultés : les Anglais estimaient qu'ils n'avaient rien
à faire en Macédoine et que leurs troupes seraient
employées d'une manière plus utile en Égypte et
en Mésopotamie, où ils avaient des intérêts plus
immédiats. Les gouvernements alliés ont heureusement fini par se mettre d'accord pour réaliser,
sur ce point, la coordination des efforts. Le réem-
barquement du corps expéditionnaire eût porté à
notre prestige une atteinte grave et causé aux
Allemands un grand plaisir. Peut-être même en
auraient-ils profiter pour occuper Salonique ou la
faire occuper par les Bulgares.

On dit beaucoup que nous défendons la Grèce :
il faut ajouter, pour être vrai, que nous la défendons

malgré elle et, pour être juste, ne pas oublier qu'il y a huit jours nous avons eu l'impression très nette que c'est elle qui nous avait défendus. Rien n'empêchait les Bulgares de franchir la frontière sur nos talons; ils ne l'ont pas fait et nous ont laissés nous replier et nous installer tranquillement (1). Or, leur poursuite des Serbes jusqu'en Albanie montre qu'ils savent poursuivre quand ils le veulent. Les journaux grecs signalent avec insistance que la Bulgarie a affirmé l'intention de respecter la neutralité de la Grèce; des dépêches de Sofia donnent la même note. Comme ce n'est certainement pas par sympathie, c'est une simple affaire d'intérêt bien entendu : les Bulgares ont tout à perdre et rien à gagner à mécontenter les Grecs et à réveiller leur haine (2).

Notre maintien à Salonique nous assure un

(1) Quand nous nous sommes trouvés en contact avec les Bulgares, à partir du mois de mai, nous avons reçu de nombreux déserteurs. A tous ceux qui avaient pris part aux combats de décembre, j'ai posé la question : « Que vous ont dit vos officiers pour vous expliquer pourquoi, étant victorieux le 11 et le 12 décembre, vous ne nous avez pas poursuivis au delà de la frontière grecque? » Les uns ont répondu que c'étaient les Allemands qui avaient empêché les Bulgares d'entrer en Grèce; les autres, que les Bulgares n'ont pas voulu, par peur de l'armée grecque, qui aurait pu les attaquer et les couper de la Bulgarie par la vallée de la Struma. (Note ajoutée en juillet 1916.)

(2) L'indifférence avec laquelle l'opinion publique en Vieille Grèce a accueilli l'occupation bulgare de Serès et de Cavalla, six mois plus tard, semblerait indiquer que l'intensité de ces haines balkaniques dépend singulièrement de l'action gouvernementale, qui en joue comme il lui plaît selon l'intérêt du moment.

avantage moral incontestable. Mais il ne saurait être question pour le moment d'en tirer des avantages militaires positifs autres que celui d'immobiliser à peine le tiers de l'armée bulgare. Tout ce qu'on écrit au sujet de la menace que nous représentons est exagéré : bluff qui serait légitime s'il pouvait tromper l'ennemi, mais il ne trompe que l'opinion française ; notre force réelle est connue à un homme et un canon près, puisque tous les débarquements se font à Salonique, sous les yeux des fonctionnaires allemands, autrichiens et bulgares qui y sont légalement. Ne parlons donc pas encore d'une menace : notre faiblesse numérique fait qu'elle est présentement nulle. Pour qu'elle devienne sérieuse, il faut que l'équilibre des forces soit rétabli, ce qui peut se produire de deux manières : affaiblissement de l'ennemi sur notre front, causé par l'entrée en ligne des Roumains et des Russes ; ou bien gros renforcement de nos effectifs. Jusqu'à ce qu'une de ces deux éventualités se soit réalisée, nous n'avons qu'à nous retrancher solidement. Mais que dira-t-on de notre inaction en France où l'opinion est ainsi égarée par les journaux ?

Et les Grecs ? Ils ne doivent pas être contents, car nous sommes bien encombrants ; on ne se gêne pas à Athènes et à Salonique, paraît-il, pour souhaiter tout haut notre départ. Nous sommes assez forts en face d'eux pour n'avoir pas à tenir compte de leurs plaintes. Exigeons de la Grèce une neutralité, non pas simple, mais bienveillante; obtenons d'elle, en montrant au besoin les dents, qu'elle n'entrave en rien notre action; pour cela, qu'elle commence par retirer ses troupes des territoires que nous occupons.

Il faudra régler aussi la question de ses relations avec l'ennemi, et en particulier nous débarrasser de la présence des consuls allemand, austro-hongrois, turc, bulgare à Salonique. Ce sera une grave atteinte portée à son droit de souveraineté; soyons prêts à en accepter toutes les conséquences.

21 décembre. — D'après les derniers renseignements, les forces ennemies sont ainsi réparties : les Bulgares n'ont que trois divisions en face de nous, dans la région Guevgueli-Doiran-Strumiça; ils en ont une en Albanie; deux entre Monastir et Velès; une vers Nevrokop; une et demie entre Kumanovo et Uskub. Le reste, trois divisions et demie, à la frontière roumaine et sur les côtes. Les Austro-Allemands n'auraient laissé dans les Balkans que deux ou trois divisions qui ne sont pas sur notre front.

26, 28, 30 décembre. — Trois journées passées sur le terrain. L'aspect général est bien celui que j'avais noté lors de ma reconnaissance de Sala-

manli à Samli, très différent sur les deux rives du
Galiko. Sur la rive gauche, ce sont des hauteurs
rocheuses dont les croupes, rayonnant en éventail
vers le nord autour du Matterhorn (1), descendent
sur un petit affluent du Galiko par des pentes assez
raides et des escarpements. Elles sont séparées les
unes des autres par des ravins sinueux d'un parcours facile. En avant, la vue s'étend sans obstacles sur une grande plaine grisâtre parsemée de
taches claires : les eaux restant des dernières
pluies. Au fond, Kukus, au pied de la butte que
coiffe l'église Saint-Georges. Barrant l'horizon, la
crête dentelée du Belès, couverte de neige.

Sur la rive droite, ces hauteurs se prolongent
par un éperon rocheux, qui s'avance comme un
promontoire dans la plaine. Puis, le roc cessant
d'affleurer, le terrain prend une toute autre allure :
au lieu de croupes nettement séparées et se flan-
quant les unes les autres, c'est un plateau argileux
légèrement mamelonné, aux formes indécises, qui
monte doucement vers Gjorzine et Bunardza. De
loin, il paraît parfaitement uni. Mais sur ce sol sans
arbres et presque sans herbe, le ruissellement a des
effets terribles; il a creusé des ravins, profonds de
30 à 40 mètres, qui échappent aux vues lointaines
parce que leurs berges sont taillées à pic; on
arrive dessus sans les soupçonner, et on se trouve

____

(1) Ainsi baptisé par les Anglais; nous disons le Cervin. Ils
ont aussi un Gibraltar.

au bord d'un précipice. L'érosion ne s'arrête pas ; chaque pluie fait ébouler d'énormes blocs d'argile arrachés aux parois qui, avec leurs grandes coulées de terre jaune ou rouge, semblent écorchées à vif. Entre les ramifications des ravins subsistent des morceaux de terrain comme des langues allongées et étroites, ou bien aux formes bizarres comme les découpures d'un jeu de patience.

Sur le plateau, les différences de niveau sont peu sensibles. Toutefois, au sud de Narès, se dresse une de ces « tables », dont on trouve un certain nombre dans les basses vallées du Vardar et du Galiko. Ce sont de grands massifs de terre, hauts de 20 à 30 mètres, qui se distinguent des « tumulus » ordinaires par leurs dimensions et leurs formes géométriques. Leur origine est discutée. Les uns veulent qu'elles aient été élevées de main d'homme. Il paraît plus probable qu'elles ont été formées par les courants, à l'époque où cette plaine était un golfe qui se vidait. Ce qui est certain, c'est que de tout temps elles furent recherchées par les hommes, en raison des avantages qu'elles leur donnaient comme emplacement à l'abri des inondations et position militaire. On y trouve des vestiges nombreux prouvant qu'elles furent occupées. Certaines furent même aménagées intérieurement en sépultures.

Après des jours froids et humides, il fait un temps radieux ; le soleil chauffe ; les lézards verts ont mis le nez à la fenêtre : leur petite tête éveillée se montre au bord de leurs trous. Mollement balancé sur ses grandes ailes noires et blanches, un busard Saint-Martin (1) rase la terre de son vol sinueux et les guette.

Les hommes travaillent gaillardement. Ils ont d'abord été très déprimés par l'immense déception qu'ils ont éprouvée de rester à Salonique, alors qu'ils s'étaient imaginé qu'ils rentraient en France. L'installation sous la pluie a été pénible, d'autant plus que pendant plusieurs jours ils n'ont touché ni bois pour faire du feu, ni paille pour se coucher. Puis le beau temps est venu, qui a relevé le moral; ils sont contents de se chauffer au soleil et de se trouver au calme après les fatigues et les émotions de la retraite. Ils les racontent, les grossissent, créent des légendes qui resteront.

Tout en causant avec moi, un soldat, soigneusement, dame à petits coups de pelle les mottes de gazon d'un parapet. Lorsqu'une compagnie sait qu'elle travaille pour elle et doit occuper l'ouvrage qu'elle construit, chacun de ses soldats prend l'état d'esprit du propriétaire; ils se sentent chez eux et s'ingénient à améliorer et embellir leur œuvre. Avec quel amour ils polissent les parois des tranchées et arrangent confortablement l'intérieur des abris! A les voir, on reconnaît chez tous, cultiva-

____

(1) *Strigiceps cineraceus.*

teurs et artisans, des hommes habitués à soigner ce qu'ils font. Il se trouve même des artistes pour orner les talus de sculptures en ronde-bosse. Le lion, comme très décoratif; le cheval, à titre d'animal familier; le lièvre et le chat, pour leur physionomie expressive, — on leur fait de belles moustaches avec des pinceaux d'herbe sèche, — ont le plus souvent les honneurs de la reproduction. Pourvu qu'un savant archéologue, découvrant un jour les tranchées, n'aille pas fonder une théorie religieuse sur ces représentations, amusement naïf des troupiers, et faire de ces innocentes bêtes les « totems » de ces modernes troglodytes...

Comme les travaux se poursuivent en pleine sécurité, sans avoir à craindre ni coups de fusil, ni obus, ni torpilles, on conçoit avec quelle perfection ils peuvent être exécutés. Au Linge, à l'Hartmannsweilerkopf, à Ammertzwiller, ces soldats étaient accoutumés à creuser la terre et à poser des fils de fer, la nuit, à quelques mètres de l'ennemi. Que ne font-ils pas aujourd'hui qu'ils travaillent à découvert!

Chaque centre de résistance porte le nom de l'officier qui le construit, l'organise et le défendra. Tous ont des caractères communs : ils sont formés, non par une ligne continue de tranchées, mais par des groupes de |tranchées, espacées en profondeur et orientées sur les directions à battre. Ils renferment des abris pour la garnison, creusés en galeries de mines, un poste de commandement souterrain, avec chambre de repos et poste téléphonique. Mais chacun a sa physionomie particulière, imposée par le terrain. Ici, il faut exhausser le tireur, pour lui permettre de fouiller certains replis : des parapets ont été élevés avec les morceaux d'une marne crayeuse; on les dissimule sous des branchages et des herbes sèches. Là, des tranchées étroites et profondes sont creusées dans une argile rouge, sans que rien dépasse la surface du sol. Un peu plus loin on se croirait dans une carrière; le roc affleure : un calcaire bleuâtre, très dur; les hommes le travaillent à la mine. En voici deux, agenouillés face à face; les yeux dans le vide, perdus dans leur rêve qui les emporte au pays, ils soulèvent la barre d'un geste automatique et la laissent retomber à coups réguliers pour approfondir le trou où sera placée la mélinite; l'eau versée à mesure amortit le bruit de l'acier frappant le roc. Ailleurs, des équipes de cimentiers établissent des abris en béton armé pour les mitrailleuses; ce sont presque tous des professionnels.

L'ouvrage le plus intéressant est le fort Lempereur. Il est construit dans un grand ravin, dont les pentes et les crêtes ont été aménagées et truquées avec une savante ingéniosité. Des sentiers de chèvre hardiment découpés dans les parois à pic mènent des abris aux tranchées. En attendant de servir aux défenseurs, ils permettent aux visiteurs d'en faire le tour. Le capitaine ingénieur fait admirer la source qu'il a captée. Dans la vie civile, il est notaire : que d'aptitudes se révèlent ! Telle compagnie, installée sur un bloc de rocher, ne comptait à son effectif ni carrier, ni mineur de profession ; des cultivateurs et des ouvriers durent être dressés à ce métier et s'y sont mis sans difficulté. « Il faut de l'initiative quand on est soldat », disent-ils eux-mêmes. « Le soldat français est bon à tout », ajoute avec orgueil le lieutenant-colonel Richard.

Nos réservistes ont un rendement de travail qu'on n'obtient pas des soldats des jeunes classes. Et quelle bonne humeur, sans éclats de grosse gaieté ! Aussi n'attachons-nous pas trop d'importance à leurs récriminations dans les moments de fatigue. Au fond, le moral est bon ; un rayon de soleil, un peu de repos suffisent pour le remonter. Ils acceptent la guerre avec résignation et supporteront ce qu'il faudra pour aller jusqu'au bout. C'est un beau résultat que d'être arrivé à créer et entretenir cet état d'esprit.

C'est d'ailleurs un plaisir de travailler dans cette chaude lumière, un 30 décembre. A travers la plaine grise, les méandres du Galiko tracent de brillantes lignes d'argent, ou bien reflètent doucement le bleu du ciel. Les montagnes de la rive gauche sont violettes, avec des traînées de terre rouge et jaune vif. A leur pied, des troncs de peupliers se détachent en clair, d'un blanc si brillant que l'un d'eux, qui se profile sur un ravin, donne un instant l'illusion d'une cascade.

Mais le jour tombe vite, et nous nous hâtons sur la voie ferrée, le plus court chemin pour regagner le camp. Chemin pénible et semé d'embûches pour les chevaux. Nous les laissons aller, tandis que nous suivons des yeux la chute du soleil à l'occident. A droite de l'Olympe, sombre masse dont la cime neigeuse se teinte de reflets lilas, le globe d'or descend rapidement vers la crête des monts; au moment où il disparaît derrière, il lance sur l'azur décoloré des rayons divergents qui passent du rose au vert; une longue traînée de pourpre s'étale dans le ciel pâle, puis s'éteint graduellement.

31 décembre. — A la suite de la venue des avions allemands sur Salonique, le général en chef a fait arrêter les consuls ennemis et leur personnel. Mesure nécessaire et attendue depuis longtemps. Dès l'instant que nous avons tant fait que de nous installer en Grèce, soyons logiques jusqu'au bout : nous devons y être comme chez nous. Les protestations du gouvernement d'Athènes ne comptent pas; notre sécurité prime toute autre considération. Mais au lieu d'ergoter, d'invoquer « la protection » que nous sommes en droit d'imposer à la

Grèce de par les traités; surtout au lieu de la gronder comme un enfant en faute parce qu'elle applique mal le régime constitutionnel dont ces mêmes traités l'ont gratifiée, il vaudrait mieux lui poser carrément nos conditions et, en cas de refus, prendre sur-le-champ des garanties militaires.

Pour en revenir aux consuls ennemis, ce qui est étonnant de leur part, ce n'est pas d'avoir intrigué contre nous et renseigné leurs gouvernements sur nos effectifs et nos mouvements; c'est d'avoir poussé l'inconscience au point de croire que nous accepterions cette situation. Ces gens, qui devaient attendre leur arrestation d'un jour à l'autre, n'avaient pris aucune précaution pour mettre leurs papiers à l'abri; on a tout trouvé chez eux.

1ᵉʳ janvier 1916. — Il pleut; le séjour sous la tente est bien froid. Après un triste Noël, triste Jour de l'an. Tous se rencontrent dans un même souhait : que l'année nouvelle voie la fin de la guerre. Elle est déjà baptisée l'Année de la victoire; acceptons-en l'heureux augure, et qu'elle soit aussi l'Année de la paix.

3 janvier. — Visité aujourd'hui le secteur de droite, en compagnie du chef d'état-major. Nous déjeunons chez le lieutenant-colonel Borie. De sa tente, dressée sur le versant d'une hauteur rocailleuse, on découvre la plaine où serpente le Galiko;

de l'autre côté, le triste plateau de la rive droite. A l'horizon, une ligne brillante : la baie de Salonique, au delà de laquelle se devinent les montagnes de la Chalcidique.

Le lieutenant-colonel nous parle du 11 décembre et du combat de Furka. Les Bulgares s'avançaient extrêmement vite; on les voyait descendre des hauteurs en une file ininterrompue, comme des fourmis. On avait la sensation très nette de leur supériorité numérique. Malgré cela, les hommes qui les ont arrêtés par leurs feux de salve ont conservé un calme parfait; ils connaissaient pourtant la situation et savaient qu'elle deviendrait critique si l'ennemi continuait son mouvement.

Avec son terrain mouvementé, le secteur de droite est bien différent de l'autre : c'est une série de croupes rocheuses couvertes de buissons de chênes verts nains au feuillage piquant comme du houx. Un des bataillons a adopté un dispositif classique : trois compagnies en avant, chacune sur un éperon organisé en ouvrage fermé; la quatrième en réserve en arrière. A côté, le commandant Macheret nous fait parcourir son terrain dans tous les coins; il est particulièrement difficile. Les replis des ravins ne peuvent être efficacement battus que par des mitrailleuses établies à la naissance du vallonnement. Le commandant a piqueté lui-même tous les éléments de tranchées; les unes sont à l'arrière de la crête; les autres à mi-pente.

Pour vérifier si leur tracé répond bien à leur objet, on a fait simuler une attaque de la position par les compagnies qui sont chargées de la défendre ; les officiers, placés dans les tranchées, ont vu ainsi les parties du terrain qui ne se trouvaient pas effectivement battues.

Il faut établir les liaisons avec les voisins. A droite, c'est le second bataillon du régiment ; cela va tout seul. A gauche, c'est un régiment de l'autre brigade ; le contact est plus difficile à prendre : il y a tant de particularisme ! On y arrive, et d'un commun accord, on décide d'apporter au tracé quelques petites rectifications, si bien qu'on finit par des congratulations réciproques sur le bon flanquement que se donnent les deux secteurs. Les flanquements sont l'essentiel du tracé : en fortification, on travaille toujours pour le voisin, aime à dire le général.

Mais on se plaint des artilleurs. On s'estime pourtant entre camarades ; on travaille ensemble depuis le début de la guerre ; chacun a vu l'autre à l'œuvre. Mais il existe entre les deux armes une pointe d'animosité. Ces artilleurs sont si indépendants ! Un beau jour, sans avoir demandé au commandant du secteur la moindre autorisation, ils viennent construire un observatoire sur la ligne même des tranchées. Une autre fois, ils déplacent leurs batteries, toujours sans en référer au commandant du secteur. On leur reproche aussi de tenir leurs canons trop loin derrière les tranchées. Eux, non sans raison, invoquent pour cela des nécessités techniques : ils sont forcés de se reculer pour diminuer l'angle mort qui existe en avant de la position. Il appartient au commandement supérieur d'atténuer ces froissements et de bien fixer à chacun sa tâche, surtout en cas d'attaque de l'ennemi, pour que l'infanterie ne puisse pas dire qu'elle n'a pas été soutenue par l'artillerie; et l'artillerie, que l'infanterie ne lui a pas demandé en temps voulu les tirs de barrage.

Nous avons fait tout le tour de la position et revenons le long du Galiko. Le temps est merveilleux; un soleil d'été dore le sable de la vaste grève, étalée au pied de la falaise que l'érosion a si bizarrement modelée. Elle commence à se creuser de grottes, magasins pour les munitions, logements pour les hommes. La vallée présente une animation extraordinaire : partout des camps français et anglais, des milliers de chevaux à la corde, des chantiers où grouillent des travailleurs; on fait des routes, on construit une gare pour le ravitaillement, on établit un pont de pilotis; de grandes carrières sont ouvertes dans les parois rocheuses de la rive gauche. Des hommes se baignent dans la rivière; des Serbes s'épouillent au soleil.

Le spectacle est pittoresque. Mais, — pourquoi ne pas le dire? — il est trop pacifique. On se lasse, puisqu'on est en guerre, de ne pas être au contact de l'ennemi; on voudrait au moins échanger des coups de canon. On évoque le souvenir des tranchées en Alsace. Les images se précisent. C'est au mois d'août, l'après-midi. Les parois des boyaux étroits réverbèrent la chaleur comme celles d'un four. Les fantassins dorment, écroulés dans les abris ; les guetteurs eux-mêmes sommeillent, accablés. On peut, sans trop risquer, mettre l'œil au créneau : une buée mouchetée de points brillants danse au-dessus des champs surchauffés. Un silence extraordinaire emplit l'espace : pas même le bruit sec d'un coup de fusil isolé ou le claquement d'une balle. Tout à coup, une détonation sourde, immédiatement suivie du long sifflement d'un obus qui passe très haut. Un nuage de poussière et de fumée s'élève dans les lignes ennemies, auprès d'un tas de terre fraîchement remuée, qui trahit un abri ou un observatoire en construction. C'est une de nos batteries qui s'éveille. Bien au frais dans les bois, les artilleurs rompent la trêve ; ils ont choisi cette heure torride, parce que c'est celle où l'éclairement favorable leur facilite le réglage. Un second coup, puis d'autres. L'ennemi, cependant, riposte. Au son et à la direction des coups, il discerne la batterie qui tire et lui envoie quelques obus ; elle se tait alors. Mais une autre répond et prend à parti l'adversaire. Sur toute la ligne, le feu se propage ; il s'éteindra lorsqu'un des deux en aura assez ou aura brûlé les munitions qui lui sont allouées pour sa consommation journalière. Le lendemain, le communiqué fera connaître au monde : « Duel d'artillerie en Haute-Alsace. »

Nous voudrions avoir ici au moins des duels d'artillerie ; mais il faudrait, pour cela, nous rapprocher de l'ennemi ; car il ne viendra pas nous chercher où nous sommes.

5 janvier. — Les journaux de France nous arrivent avec un retard d'une quinzaine de jours. Ils n'en sont que plus intéressants : informations et pronostics sont soumis au critère des faits. Le résultat de l'épreuve est à l'avantage de ceux qui mettent, dans leurs colonnes, la doctrine, les principes et les idées générales au premier plan ; leur lecture laisse toujours à l'esprit quelque satisfaction, même si les informations sont reconnues inexactes et les pronostics démentis par l'événement. D'une manière générale, et même en faisant sa juste part à l'information tendancieuse, les commentaires sur la situation ne répondent pas à la réalité et ne peuvent qu'égarer le public sur les possibilités de l'armée d'Orient.

Aujourd'hui, le grand cheval de bataille, ce sont les élections grecques. Elles ont été dérisoires, c'est entendu. Mais pourquoi le fait de fonctionner en Grèce affranchirait-il le suffrage universel de ses tares essentielles et congénitales ? Le « X... » constate que « c'est à un gouvernement représentant le tiers du pays qu'il appartiendra de prendre les plus graves décisions ». N'y a-t-il pas d'autres Chambres où la majorité qui vote certaines lois, et des plus importantes, ne représente pas beaucoup plus du tiers des électeurs inscrits?

Ce soir, le général vient me chercher dans ma baraque :

— « Vous connaissez le poème d'André Chénier qui commence par ce vers :

Dieu dont l'arc est d'argent, dieu de Claros, écoute.

Venez voir l'arc d'argent. »

Et il me montre un fin croissant de lune qui brille doucement, les pointes en l'air, à côté de Vénus, dans un azur pâle où s'étirent de longues bandes écarlates. Il est d'argent en effet. Tout à l'heure, quand la nuit sera complètement venue, il se teintera d'on ne sait quels reflets et deviendra la faucille d'or jetée dans le champ des étoiles.

Nous avons des couchers de soleil à la beauté desquels nul ne reste insensible, soit qu'ils charment les yeux par des tons d'une infinie délicatesse, aussi fondus que les nuances qui chatoient sur la gorge d'un pigeon; soit que la violence des teintes et l'incohérence des formes éveillent des images tragiques, comme ce soir de tempête où tous sortirent des baraques pour admirer un spectacle extraordinaire : à l'occident s'amoncelaient d'énormes nuées couleur d'ardoise; elles s'entrebâillaient pour laisser voir dans leur profondeur un soleil écarlate, foyer incandescent dont les flammes fusaient par les déchirures de la masse violacée et faisaient rougeoyer comme des fumées d'incendie les tourbillons de poussière soulevés par la bourrasque.

9 janvier. — Passé la journée aux tranchées avec le général. Je goûte le charme un peu spécial de ces tournées répétées. Ce n'est pas cette joie de découvrir un pays nouveau qu'on éprouve au cours d'une reconnaissance, quand on saisit dans une vue d'ensemble les grandes lignes d'un paysage dont l'œil prend en quelque sorte possession. C'est le sentiment tout autre que donne la revision des sites connus. Il est fait du double plaisir ressenti à retrouver chaque fois à leur place les accidents du sol déjà notés et à en remarquer d'autres qui n'avaient pas encore été observés. On jouit du paysage familier comme d'une vieille connaissance; en même temps on lui trouve toujours quelque trait nouveau, ne seraient-ce que les effets de lumière qui varient au gré du ciel et des heures.

Le général inspecte les travaux avec bienveillance; il est heureusement affranchi de cet état d'esprit qui porte certains chefs à toujours ordonner des changements à ce qu'ils voient, si bien qu'à la suite d'inspections successives, telle tranchée aura été déplacée jusqu'à trois fois, portée d'arrière en avant, puis ramenée d'avant en arrière, sans profit, les avantages de chaque emplacement étant bien compensés par ses inconvénients.

Grâce à la bonne volonté et à l'entrain de tous, la première ligne de défense est presque terminée. Quand on commence l'organisation d'une position, on s'exagère toujours et les difficultés matérielles du travail et l'importance des effectifs nécessaires pour l'occuper; on croit qu'on n'aura jamais assez d'hommes. A mesure que le travail avance, les choses s'éclairent et l'on découvre que là où l'on comptait deux compagnies, une seule suffira. L'amour-propre aidant, les intéressés se déclarent satisfaits et refusent d'être renforcés pour l'occupation de l'ouvrage qu'ils ont construit sans aide; ils refusent plus énergiquement encore de le passer à d'autres. C'est le triomphe de l'esprit du propriétaire.

Deux hommes déroulent une bobine de fil de fer, l'un d'eux est complètement rasé. Le général ne supporte pas chez les soldats l'absence de barbe, qui, dit-il, les fait ressembler à des curés; il s'approche et lui demande assez rudement quelle profession il exerce dans le civil :

— Avoué à Paris, mon général.

— Pourquoi êtes-vous rasé comme cela?

— Par raison de propreté et d'hygiène.

Aussi par coquetterie, je pense, car il a une

belle tête et des traits parfaitement réguliers.

— Il faut laisser pousser votre moustache; le soldat français porte la moustache.

— Affaire d'époque et de mode, mon général. Au dix-huitième siècle, il était rasé.

— Mais il portait la perruque.

— Les généraux de la Révolution et de l'Empire ne portaient pas la perruque et étaient rasés aussi.

— Mais ils avaient des favoris.

Ce dialogue a radouci le général qui dit en souriant :

— Après la guerre, je vous prendrai comme avoué pour vous confier mes affaires.

— J'espère que vous n'en aurez jamais, mon général.

Nous nous étonnons que cet homme soit simple soldat. Il était sous le régime de la loi militaire de 1889, la plus antidémocratique que nous ayons jamais eue, puisqu'elle avait multiplié, au delà de toute mesure, les cas de dispense, sans imposer aux dispensés aucune obligation comme contre-partie de leur privilège. D'une part, elle tendait vers la nation armée; de l'autre, elle négligeait ce qui en est le corollaire essentiel, le recrutement des officiers de complément; en supprimant le volontariat, elle en tarissait une source excellente. A quoi avait servi l'expérience d'hommes comme M. de Freycinet qui pourtant, en 1870-71, avait touché du doigt les difficultés rencontrées par le gouvernement de la Défense nationale pour encadrer ses armées improvisées? Difficultés telles que, malgré tout ce qu'il avait de soldats, il n'eut pour ainsi dire pas de troupes, faute d'officiers. Mais il n'y a pires sourds que ceux qui ne veulent pas entendre.

16 janvier. — Deux événements importants. Aujourd'hui le général Sarrail est nommé au commandement en chef des troupes alliées en Orient. Souhaitons que cette nomination lui confère sur les Anglais et les Serbes une autorité réelle qu'il puisse exercer sans contestation. L'unité de commandement est une des conditions nécessaires du succès.

Le 12, nous avons fait sauter le pont de Demir-Hissar, sur la ligne de Dedeagatch, et détruit les gares de Janes et de Kilindir. Ces destructions répondent aux craintes que l'on a d'une attaque. Elles entraînent comme conséquence immédiate que les troupes grecques de la région Serès-Cavalla sont coupées et ne peuvent plus être ravitaillées par le chemin de fer.

Il semble qu'à Salonique on se sente sous la menace d'une irruption toujours possible de Bulgares et d'Allemands. On ne peut pourtant pas y prendre au sérieux les renseignements de ce commandant des avant-postes, dont la fantaisie est si

amusante. Il a dû promettre à ses agents une rémunération proportionnée à l'importance des indications qu'ils fournissent, car ils y vont carrément
et ne signalent jamais moins d'une division à la
fois, massée derrière la frontière ou en marche
de Doiran sur Kilindir; même, un jour, elle s'avançait précédée d'un aéroplane.....

Un beau soir, il nous téléphona pour nous alerter, parce que des fusées avaient été vues : c'était
le signal convenu par lequel ses postes avancés
devaient annoncer la ruée bulgare. L'affaire était
trop sérieuse pour que nous puissions accepter
de marcher sur un indice aussi « en l'air ». Nous
attirâmes l'attention d'un de ses officiers sur la
gravité de la chose et le pressâmes instamment
de faire contrôler l'arrivée de l'ennemi signalé.
Quelque temps après, on nous disait qu'en effet il
n'y avait pas d'ennemi et que les fusées avaient été
lancées par des conscrits grecs en goguette.

Je ne crois toujours pas à une attaque, surtout
brusquée. Les journaux allemands de Salonique
l'annoncent trop volontiers pour que leur insistance ne soit pas suspecte. Nous n'avons d'ailleurs
aucun indice qu'elle se prépare. Au contraire,
d'après les derniers renseignements, les divisions
bulgares sont dispersées de l'Albanie jusqu'à
Xanthi, et quatre régiments allemands seulement
sont identifiés. Il est vrai qu'ils appartiennent à
quatre divisions différentes, mais on ne peut

pas en conclure à la présence de ces quatre divisions. On sait aussi que l'ennemi construit plusieurs lignes défensives au delà de la frontière. Enfin, il ne peut pas attaquer avant d'avoir fait des routes et réparé le chemin de fer, car entre la frontière et le camp retranché, il n'y a pas d'autres chemins que ceux dont nous avons eu tant de mal à arracher nos équipages embourbés.

19 janvier. — Le communiqué allemand annonce la visite du kaiser à Nisch, où il a rencontré le tsar de Bulgarie. Nous ne voulons pas y croire : alors, tout ce que les journaux racontent de son état de santé alarmant serait faux? On le voyait à l'agonie... Si ces bruits provenaient de source allemande, la manœuvre a bien réussi. Mais la censure a perdu une belle occasion de s'exercer.

Nouvelles contradictoires au sujet des négociations entre l'Autriche-Hongrie et le Monténégro.

26 janvier. — Les Grecs continuent à se plaindre et à protester. Les ministres de l'Entente à Athènes leur répondent que toutes les mesures prises par nous : occupation de territoires, destruction d'ouvrages d'art, contrôle du ravitaillement, sont commandées par la nécessité d'assurer la sécurité de notre front balkanique.

Rien à dire à cela. Mais les journaux grecs sont très montés contre la presse française et protestent contre le ton qu'elle a adopté à l'égard de leur pays. Ils relèvent vivement deux articles entre autres, du... et du... Le premier conteste la double prérogative du roi de choisir les ministres et de dissoudre la Chambre et en arrive à poser comme dogme constitutionnel la présence de M. Venizelos au pouvoir. Le second menace la Grèce de lui rationner les provisions, en assurant le strict nécessaire : « Les robinets restent à notre portée et seraient fermés à la moindre alerte. »

Évidemment, ce ton change les Grecs de celui auquel les mêmes journaux les avaient accoutumés, quand, il y a trois ans à peine, ils chantaient les louanges du roi, du gouvernement, du peuple et des vaillants soldats hellènes.

Quelque chose se prépare : nous voyons passer ce soir un régiment de zouaves, deux batteries de montagne, deux batteries à cheval se rendant à Salonique.

29 janvier. — Nous avons occupé le fort grec de Karaboroun, à l'entrée de la rade. Le prétexte saisi a été le torpillage d'un bateau anglais coulé par un sous-marin sous le canon du fort. Quelques-uns disent que nous nous en sommes emparés; l'expression est impropre; l'opération a été montée avec art, mais s'est déroulée à la manière du vaudeville plutôt que de la tragédie.

Une partie des troupes que nous avions vues passer avait été disposée face à Salonique, prêtes à tirer sur la ville. Le reste avait été transporté par mer à Karaboroun. Des avions survolaient le fort, devant lequel une compagnie s'est présentée. En l'absence du commandant, qui était à Salonique, un lieutenant grec a dit qu'il ne pouvait pas se rendre sans opposer de résistance : il a fait mettre baïonnette au canon à son détachement et les deux troupes ont bravement marché l'une contre l'autre. Au moment de se croiser, elles ont relevé les armes... Telle est la version qui court dans le camp retranché. Le général Moschopoulos, commandant le corps d'armée de Salonique, a démenti la nouvelle publiée par certains journaux, suivant laquelle il aurait été informé officiellement par les autorités militaires françaises de l'intention des Alliés d'occuper Karaboroun. Il n'a été informé qu'après l'occupation par une notification de l'amiral Gauchet.

7 février. — Un souffle de printemps passe sur la campagne. Tantôt, une alouette a monté en chantant; depuis quelques jours, des coassements isolés rompent le silence des soirs : le chœur des grenouilles s'essaie; tortues et couleuvres sortent de terre; les ronces bourgeonnent. Mais nous ne sommes pas garantis contre les retours offensifs du froid : les sautes brusques de température sont le caractère le plus remarquable de l'hiver en ce pays. Dès que s'abat sur la plaine, venu des sommets glacés du Rhodope, le terrible vent du Vardar, il amène le froid. Sans répit, ni jour ni nuit, il souffle en tempête; c'est l'ouragan, le mistral, qui maçonne le sol argileux, dessèche et raffermit les pistes que les pluies torrentielles avaient transformées en fondrières. Puis il tombe brusquement comme il était venu et ce sont, de nouveau, de belles et chaudes journées.

Il fait bon alors de se promener à cheval dans la vaste plaine qui, sur les deux rives du Galiko, s'étend jusqu'à la mer. Une partie est couverte de roseaux plus hauts qu'un homme. Dans les clairières de cette brousse pâturent de grands troupeaux de vaches et de buffles, très pacifiques malgré leur aspect farouche et le croissant démesuré dont leur front est armé. Leurs bergers habitent des huttes coniques comme on en voit en Afrique. Ils se disent Magyars; ce sont peut-être des Tziganes; ils ne parlent ni le grec ni le bulgare. Nous causons avec eux par signes; en Orient, ce mode de conversation est plus facile qu'ailleurs, les gens ayant naturellement la mimique la plus expressive. Pour nous faire comprendre que leurs chiens féroces sont attachés, ils font le geste de s'élancer en avant, puis portent la main à leur cou comme s'ils s'étranglaient. Pour dire qu'ils sont bergers, ils bêlent, et avec la main imitent le moutonnement des dos du troupeau. Des distributions

de cigarettes les ont complètement apprivoisés, et
dès qu'ils voient un officier sortir son appareil
photographique, ils s'alignent devant l'objectif
avec la pose et l'air gauche de mariés de campagne.

Il y a quelques pauvres villages; les maisons
basses, irrégulièrement semées, — pas de rues ni
de places, — laissent entre elles de grands espaces
vides envahis par les herbes. Les murs sont faits
d'argile gàchée sur un clayonnage de roseaux.
L'école est un peu moins misérable. Le Konak les
domine orgueilleusement d'un étage : c'est là que
demeure l'intendant du bey. Le bey lui-même y
avait une grande habitation à l'européenne : elle a
été brûlée en 1912 par les comitadjis grecs ou bulgares.

Le hasard d'une promenade nous amène dans
un de ces villages au moment où les enfants sortent de l'école : c'est l'heure de la récréation entre
les deux séances de classe. Les petits garçons se
mettent à courir et à se poursuivre avec force
bousculades. Sous la direction de l'institutrice, les
petites filles se prennent par la main et dansent
une ronde; elles l'ouvrent, forment une spirale,
l'enroulent et la déroulent; puis, toujours en se
tenant par la main et chantant avec des voix aiguës
sur un rythme lent, elles font une marche balancée,
avec des pas de danse légèrement esquissés, la
jambe portée en avant, puis ramenée en arrière.

Ces gamines de huit à douze ans ont le sens de la mesure et des airs sérieux de petites femmes; deux ou trois montrent une grâce charmante.

16 février. — Le beau temps continue. Aujourd'hui Salonique, si peu attrayante pourtant, revêt un charme printanier. Sur les petites places, où se dressent de gros platanes, les Turcs sont assis par terre contre les maisons; la pipe à la bouche, ils ont commencé la rêverie qu'ils poursuivront jusqu'au coucher du soleil. Dans la claire lumière, les teintes bleues, mauves, roses, jaune d'ocre dont les maisons sont badigeonnées leur donnent un air de gaieté. Amère dérision que de parler de gaieté à Salonique, quand on songe aux catastrophes dont elle fut le théâtre. Combien de fois le sang a-t-il ruisselé dans les rues en pente! L'égorgement dans le cirque de 7 000 habitants, qui jeta l'empereur Théodose pénitent aux pieds de saint Ambroise, n'est rien auprès des massacres que commirent les Arabes, puis les Turcs, lorsqu'ils prirent la ville d'assaut. Les incendies la dévastent périodiquement. Elle est le foyer d'où partit la révolution jeune-turque. En 1912, le roi de Grèce y fut assassiné...

J'ai erré avec délices dans les étroites rues ombreuses de la ville turque, où les fenêtres en saillies garnies de treillages de bois losangés se rejoignent presque, formant comme une voûte.

De vieux Juifs, aux traits empreints de majesté, ou bien d'une physionomie repoussante, se promènent gravement, enveloppés d'une houppelande fourrée. Les Juives ont la tête couverte d'une coiffe aux couleurs voyantes, qui descend sur le dos, enfermant les cheveux dans un fichu de soie verte brochée, orné d'un large carré de broderie d'argent et terminé par une frange. Leur corsage genre boléro, aux manches évasées, s'ouvre sur une guimpe blanche brodée. Presque toutes ont de beaux yeux ; mais les traits sont souvent épaissis et déformés par la graisse, la démarche lourde et vulgaire.

Plus discrètement mises, sveltes et gracieuses, par groupes de deux ou trois, circulent les musulmanes. Vues de dos, on dirait des religieuses. Elles portent des robes tout unies, avec une courte pèlerine et un capulet, où s'attache le tcharchaf noir, qui ne laisse rien deviner des traits. Qu'elles soient de simple laine noire ou de belle soie unie ou moirée, mauve, prune ou grise, la forme de ces robes est toujours la même, sans plis ni ornements.

Au sortir de ce calme quartier, il est pénible de se replonger dans l'odieuse et banale rue Venizelos et la plus odieuse place de la Liberté, avec ses terrasses de café, son grouillement de soldats grecs et alliés, ses vendeurs de journaux. On y est assailli par les gamins juifs. Tous parlent français, ils sont familiers, insinuants, hardis, d'une complaisance à toute épreuve. On ne peut pas s'arrêter ou même ralentir sa marche sans qu'ils se précipitent pour offrir leurs services. « Vous voulez quelque chose, monsieur? Vous cherchez quelque chose? » Des gamins de dix ans vous font crûment les propositions les plus déshonnêtes. Des petits garçons et des petites filles crient les journaux avec des voix aiguës et glapissantes et arrêtent le passant pour lui mettre dans la main une des feuilles qui se publient à Salonique en français, en allemand, en hébreu, en grec.

Des convois d'ânes et de petits chevaux pas plus hauts que les bourricots s'en vont en longues files, les bêtes sans brides, avec un licol ou une corde autour du cou, conduites à grands coups de talon par l'homme qui se prélasse dessus, assis ou à califourchon, les pieds traînant presque à terre, ou bien juché sur un gros paquetage. D'autres disparaissent sous leur chargement double : énormes couffins, sacs gonflés de pains, balles de foin pressé entre lesquelles sort leur petite tête aux longues oreilles. Dans les rues étroites et défoncées, leurs files se croisent avec le tramway électrique, les automobiles des états-majors, les bruyants camions britanniques qui sautent sur les pavés disjoints et font trembler les maisons. On ne connaît ni gauche ni droite; chacun y met du sien. Peu de cris, pas de jurons; des remous, des tourbillons, mais le flot finit par s'écouler.

Anglais dédaigneux et impassibles, l'air digne
même dans l'ivresse; Écossais, les cuisses nues
sous le kilt; troupiers français, en bleu ou en kaki,
soldats grecs vêtus d'une longue capote verdâtre
se coudoient avec des Macédoniens, tels que la
gravure les a popularisés : nez crochu, longue
moustache tombante, une large ceinture rouge
entre la veste courte et la culotte soutachée. On
voit des evzones, dont la tunique brune à basques
flotte sur une culotte blanche moulant la jambe et
serrée au-dessus du genou par une jarretière noire;
ils sont coiffés d'une calotte plate et ont aux pieds
des sortes de babouches ornées au bout d'une
grosse houppe de poils noirs.

Beaucoup d'animation aussi dans les quartiers
pauvres en haut de la ville. On y rencontre des
types de toutes les races des Balkans. Des bandes
d'enfants jouent dans la poussière. Ils se précipitent sur le promeneur pour demander des sous.
Les petites filles sont enragées. « Moi, Grecque;
elle, Turque; elle, Bulgare », crient les plus
hardies en montrant du doigt celles qu'elles veulent
évincer de la distribution. Celles qui sont ainsi
désignées ne manquent pas de protester. Qui
pourrait débrouiller la confusion des nationalités?
Nonchalamment appuyé contre un mur se tient un
jeune garçon. Sa tête est ceinte d'un haut turban
qui allonge encore son visage aux immenses yeux
noirs. Ses traits, son teint, son air font penser à

un prince du désert. Je me rappellerai l'expression
pleine de mélancolie, pensive et dédaigneuse de
cet enfant. Celui-là est bien d'une autre race et
qu'un abîme séparera toujours des chrétiens francs,
slaves ou grecs.

Toujours en montant, j'arrive aux vieux rem-
parts qui ceignent la ville. Une haute porte s'ouvre
dans l'enceinte ; je sors et me trouve devant un
cirque de montagnes dénudées, que sillonnent des
pistes ; des troupeaux marquent sur les pentes des
taches noires et blanches. Derrière moi, à droite et
à gauche, la muraille que des lits alternés de
pierres et de briques font paraître plus haute encore.
Des tours crénelées la flanquent de distance en
distance. Elle pose à même le rocher, monte et
descend au gré des bosses du terrain. Vers le nord,
elle forme un grand saillant, au fond duquel
s'élève un château fort, qui domine tout l'ensemble
des fortifications et de la ville. Ce saillant enveloppe un faubourg aux maisons clairsemées,
entourées de vignes et de prés pelés ; une mosquée
y dresse un minaret décapité. Paysage sévère et
désolé, aux portes mêmes de la ville.

Je redescends par des ruelles rocailleuses,
qu'anime le va-et-vient de la vie matinale. Des
choucas jacassent, bruyants et affairés, comme on
les voit autour de nos vieux clochers ; des tourte-
relles roucoulent dans les jardins. Attirées par les
cris des marchands ambulants, les femmes sortent

pour faire leurs provisions; la sonnette du marchand de café tinte gaiement. Une fontaine s'enfonce en voûte dans une muraille; hardi et familier, un petit cheval jaune à tous crins pousse sa tête entre les femmes qui puisent de l'eau pour en avoir sa part.

Ces fontaines turques sont nombreuses. Je tombe sur une dont le charme simple me retient. A un carrefour, une maison mauve aux fenêtres grillées; sur la façade, une ogive d'un pur dessin surmonte une maçonnerie bleue et rose, qui encadre deux tableaux de marbre. L'un porte une inscription en langue turque; l'autre un motif de décoration du goût oriental le plus pur : entre deux cyprès élancés, un vase d'où sort un bouquet de roses. L'eau s'écoule par un robinet de cuivre cannelé; elle tombe dans une auge de marbre blanc qui fut un sarcophage, car une inscription grecque s'y lit encore.

Quelques pas plus loin m'apparaît dressée sur l'azur du ciel la masse légère d'une petite basilique ronde, soutenue par des contreforts en arc. En avant, dans l'axe même de la coupole, se profile le minaret qui lui fut ajouté, quand d'église du prophète Élie elle devint la mosquée Eski Seraï. Elle repose sur un soubassement de maçonnerie, qui recouvre une masse rocheuse d'où jaillissent des figuiers sauvages. En face est une prison; dans la cour, derrière la grille, grouillent des hommes de toutes les races balkaniques, reconnaissables à leurs costumes plus. qu'à leurs types : Turcs, Albanais, Grecs, Macédoniens. Ils interpellent familièrement le passant et reçoivent à travers les barreaux les vivres que veulent bien leur apporter leurs amis.

Les vastes et antiques basiliques, avec leurs coupoles harmonieuses, leurs somptueuses colonnes de marbre, leurs brillantes mosaïques ne me donnent qu'une sensation d'art, à la manière d'un musée. J'y cherche en vain les émotions que nous prodigue la moindre église de chez nous, dès que l'on y songe à la continuité des générations qu'elles ont vues adorer, prier, remercier. Après l'occupation de Salonique par les Grecs, les plus belles et les plus vénérées ont été rendues au culte orthodoxe, d'autres servent d'asile aux réfugiés de Thrace et d'Asie Mineure, lamentable troupeau. Ils y campent sur des nattes et des tapis, chaque famille isolée tant bien que mal par des toiles tendues.

20 février. — Notre division garde la bonne habitude de donner aux troupes repos le dimanche. Nous en profitons pour aller voir ce qui reste des ruines de Pella, capitale de la Macédoine de Philippe et d'Alexandre. Nous partons par la route de Monastir, passons à Topçin où sont installés dans une grande ferme les quartiers généraux des deux autres divisions et franchissons le Vardar. La route file droit vers l'est; c'est la seule chaussée à peu près entretenue qui existe dans le pays. A gauche s'étend jusqu'à la mer une plaine immense, terne et grise; ses teintes neutres s'accordent aujourd'hui au ciel bas qui leur verse une si triste lumière. Il fait un écran sur lequel les monts lointains se détachent avec une netteté merveilleuse; les tons dégradés des violets et des mauves accusent les distances et font ressortir les plans : c'est le Pélion, l'Ossa, le Pinde. Au-dessus, l'Olympe neigeux, que traversent des nuages dorés, flottant comme des écharpes.

Nous arrivons à la fontaine qui s'élève dans la solitude où fut Pella (1). C'est un vrai monument; l'eau sourd dans un grand et profond réservoir cubique et tombe dans d'autres cuves étagées. En face, de l'autre côté de la route, un bouquet de beaux platanes. Des chasseurs d'Afrique sont à l'abreuvoir; chevaux et cavaliers forment des groupes pittoresques sur les étages de la fontaine; des chevaux échappés galopent comme des fous, s'empêtrent dans leur longe, hennissent, pétaradent. Cette animation contraste avec le paysage triste et désert.

A quelque distance, le village d'Ala Kilissé (Agios Apostolos) étale sur une hauteur ses maisons dis-

---

(1) Tous les consuls et voyageurs français qui ont parcouru la Macédoine au xviii⁰ et au commencement du xix⁰ siècle, Cousinery, Beaujour, Pouqueville, en font mention.

persées. Nous y montons à travers les champs
remplis de débris de poteries; on y voit des traces
de fouilles qui n'ont pas été continuées. Au village,
nous causons avec un groupe d'hommes. Il y a des
types classiques d'Albanais; d'autres ressemblent
tout bonnement à des gens de chez nous; l'un,
avec des yeux bleus et de grandes moustaches
blondes, a l'air d'un paysan lorrain.

Il paraît fort intelligent et répond d'une manière
intéressante aux questions que nous lui posons.
Ils n'ont pas gagné grand'chose, dit-il, au changement de régime. Les Grecs les ont astreints au
service militaire, dont ils étaient exempts sous la
domination ottomane. Toutefois, la législation
grecque oblige le propriétaire à prendre à son
compte la moitié des charges de l'exploitation, ce
qu'il ne faisait pas auparavant : il retenait la moitié
des bénéfices sans participer aux charges.

Les impôts n'ont pas diminué et sont perçus
plus strictement. Sur quatre sacs de blé, un va au
propriétaire, un est pris par l'impôt, un employé
pour la semence. Il n'en reste qu'un pour le culti-
vateur. « Conçois-tu, nous dit-il, qu'après que *nos
femmes* ont peiné tout l'été à la grosse chaleur pour
sarcler les champs et faire la moisson, toute la
récolte ne soit pas pour nous? » Comme j'objecte
les droits du propriétaire du sol, il répond que les
Turcs ont volé cette terre aux chrétiens il y a plusieurs siècles; on peut donc la leur reprendre

aujourd'hui. En somme, ils en sont au socialisme agraire.

Nous remontions en automobile pour rentrer au camp, quand un bruit de musique se fait entendre. Nous regardons : sur la place débouche un cortège devant lequel une grosse caisse et deux flûtes mènent grand bruit. Un homme s'avance, monté sur un petit cheval du pays que deux jeunes gens mènent en main. Derrière, sur un petit cheval blanc, aussi tenu en main, un paquet informe, enveloppé d'étoffes; il est surmonté d'un masque noir, au-dessus duquel se balance une large et haute mitre écarlate; il s'incline d'un mouvement lent et se couche presque sur l'encolure du cheval, se relève, puis s'incline de nouveau. Nous croyons à une mascarade : on nous dit que c'est un mariage. Nous cherchons la mariée!

Le cortège approche; les musiciens s'arrêtent un instant à notre hauteur, en manière d'hommage, et soufflent à perdre haleine; leurs joues gonflées, leurs yeux roulant et sortant de la tête donnent un air comique à leurs figures de vieux forbans.

Le petit cheval blanc passe devant nous; le jeune homme qui le conduit en main est vêtu d'une large chemise blanche bouffante, sur laquelle ouvre un gilet brodé comme un gilet breton. Deux hommes s'appuient, l'un sur le pommeau du bât, l'autre sur le troussequin; chacun passe et repasse devant et derrière un couteau pointu, dont ils croisent les lames chaque fois.

Du paquet d'étoffes sortent deux mains et deux pieds : c'est la mariée. Elle est engoncée dans le costume habituel des femmes du pays : chemise brodée et jaquettes à longues basques superposées, aussi brodées. Un épais voile noir lui couvre le visage et descend jusque sur la poitrine; sur la tête, un « talpack », sorte de mitre évasée, d'un rouge vif, ornée de plusieurs rangées de pièces d'or et d'argent. Son mari est allé la chercher en cortège dans le village où elle demeurait, et ses profondes inclinations sont pour saluer celui qu'elle habitera désormais, où elle est ainsi introduite en cérémonie.

Le cortège se dirige vers la maison du mari. Au moment où il va y arriver, un groupe de jeunes femmes et de jeunes filles, les parentes du mari, l'arrêtent en poussant des cris aigus. Le mari est aspergé avec l'eau contenue dans une petite amphore; on lui en verse jusque dans ses souliers. La mariée aussi; puis on lui passe une amphore pleine de vin. Elle en boit, ou fait le simulacre, à travers son voile, puis répand le vin par terre, des deux côtés de son cheval. Souvenir de l'eau lustrale ou des libations antiques.

Un grand feu est allumé devant la maison; elle en fait plusieurs fois le tour. Mais là n'est pas le spectacle. « Retournez-vous et regardez », me dit Stein.

Quel merveilleux tableau s'offre à nos yeux! Dans la galerie qui borde la maison se pressent en rangs serrés les femmes et jeunes filles du village; celles qui n'ont pas pu y trouver place débordent sur le côté. Elles font une masse où l'œil ne perçoit que des taches éclatantes de blanc et d'écarlate. Nous approchons. Toutes sont vêtues de même : le foulard qui couvre la tête, le tablier étroit, les bas sont rouge vif; les costumes diffèrent seulement par la nuance des broderies; les plus belles sont jaunes ou roses, d'un rose passé comme celui de nos vieilles tapisseries. Quelques-unes portent des colliers où pendent des pièces anciennes; les petits enfants en ont aussi sur le front.

Le marié a mis pied à terrre et est allé rejoindre ses amis; il ne doit pas fumer une cigarette de la journée. La mariée, toujours à cheval, s'arrête contre la galerie; elle lance une poignée de grains sur le toit. On lui remet un pain, dans lequel trois petits cierges sont piqués; elle les allume et le pose sur le toit.

Puis commence une cérémonie qui se déroule comme une scène de théâtre. Les femmes groupées font les figurantes, mais des figurantes passionnées pour le spectacle et qui le suivent avec des yeux avides. Les acteurs jouent leur rôle avec des gestes lents, pleins de noblesse, tandis que les flûtes répètent indéfiniment leurs airs en mineur, que ponctuent les coups vibrants de la grosse

caisse. On a remis à la mariée un ballot d'effets
et de linge qu'elle a posé sur le pommeau de la
selle. Elle tire chaque pièce une à une, la déplie
et la fait admirer : foulards aux couleurs vives,
boléros aux manches évasées et brodées, chemises
et chaussettes ornées de broderies aux tons har-
monieux. Ce sont toutes les pièces de son trous-
seau qu'elle a fait avec la toile, la laine, le lin que
les parents du prétendant lui ont donné lorsqu'elle
fut fiancée, il y a un an. Elle les leur montre pour
leur faire voir comme elle a bien travaillé.

Les pièces sont portées une à une dans la maison,
par le père et la mère du mari, qui les reçoivent
avec dignité. En les leur remettant, elle leur prend
la main, la baise, puis la porte à son front qu'elle
incline légèrement. Tout cela dans un grand
silence. Aucune parole n'est prononcée de part et
d'autre. Elle fait le même geste avec de tout petits
enfants, auxquels elle donne des vêtements faits
par elle : ils poussent des cris affreux quand ce
masque noir se penche sur eux. A sa belle-mère,
elle offre un foulard qu'elle lui pose sur la tête;
celle-ci marque sa joie en sautant plusieurs fois en
l'air; elle s'acquitte consciencieusement de cette
pratique rituelle, mais nous regarde avec un sourire. Elle paraît assez jeune, — le marié a un petit
frère de deux ans; — sa figure un peu osseuse,
fine et distinguée, lui donne l'air d'une de nos
paysannes de bonne race. Quant à la mariée,

impossible de deviner ses traits, tant le voile noir les cache bien. Parmi les femmes et les jeunes filles, deux ou trois sont extrêmement jolies, avec les yeux, le teint, les nobles traits des Provençales. Le reste est franchement laid, mais quel pittoresque et quelle couleur dans leur groupement !

La distribution finie, la mariée est descendue de son cheval par son beau-père et un parent du mari ; ils la soulèvent dans leurs bras pour la faire entrer dans la maison sans qu'elle touche le seuil : c'est le rite antique.

L'instituteur auquel nous demandons la signification des cérémonies que nous venons de voir, en particulier des couteaux croisés devant et derrière la mariée, nous répond, hâbleur comme si souvent les Grecs : « Nous ne savons pas ; nos pères ont toujours fait ainsi ; ils le faisaient déjà au temps du grand Alexandre. » Il est vrai que nous sommes sur les ruines de Pella, mais on ne s'attendait guère à voir le grand Alexandre en cette affaire. Nous avons appris le lendemain que c'étaient des rites bulgares, complètement étrangers aux Grecs. Les couteaux entre-croisés sont pour couper la gorge aux esprits malins qui rôdent dans le village et la maison et pourraient mal influencer les objets que la mariée offre en don.

28 février. — A la table de la popote où nous nous trouvons entre officiers français, serbes et anglais, la conversation revient souvent sur les questions de politique européenne. Le camarade serbe nous explique comment l'Autriche-Hongrie doit être démembrée au profit de la Serbie. Mais ce que nous discutons passionnément, c'est l'attitude de la Bulgarie, de la Grèce, de la Roumanie. On déplore leur aveuglement, leur ingratitude; on parle même de leur traîtrise. — Aucun traité pourtant ne nous liait avec ces États. — On les plaint en tout cas d'être gouvernées par des souverains ennemis de l'intérêt national. On souhaite la révolution qui, en balayant ces rois, permettrait aux peuples de partir en guerre à nos côtés. On n'oublie qu'une chose : c'est que, s'il est naturel que nous ayons le plus vif désir de les voir marcher avec nous, nous en parlons bien à notre aise, et que la question n'est pas si simple pour les intéressés que pour nous. Quand on s'indigne que la Bulgarie ait osé se lever contre la Russie, sa mère, on perd de vue que les Bulgares reprochent à cette mère de les avoir traités en marâtre, en les laissant dépouiller de la plus grande part de leurs conquêtes et surtout de cette Macédoine pour laquelle ils avaient fait la guerre précédente. Ils disent que le traité de Bucarest est leur traité de Francfort : il est juste qu'ils veuillent le reviser. L'habileté de notre part eût consisté à faire nous-mêmes cette revision. Nous le sentons si bien que dans les pourparlers qui se sont poursuivis toute l'année nous avons demandé aux Grecs de leur rendre Cavalla, aux Serbes de leur rendre la meilleure partie de la Macédoine, indisposant ainsi Grecs et Serbes. Il eût mieux valu ne pas leur donner ces territoires en 1913 que de les inviter en 1915 à s'en dépouiller bénévolement.

Les Grecs de leur côté nourrissent contre les Russes une rancune sérieuse; ils leur reprochent de s'être opposés, après la première guerre balkanique, à la cession à la Grèce des îles de Lemnos, Imbros, Tenedos, Samothrace. Ils redoutent aussi le progrès des Russes en Arménie comme une menace pour leurs établissements d'Asie Mineure : l'hellénisme a tout à craindre du panslavisme. Aux Italiens, ils ne pardonnent pas leur installation en Albanie, ni leurs visées sur l'Épire et certaines îles de la mer Ionienne et de la mer Égée, qui doivent rester des mers grecques.

Il règne entre les Russes et les Roumains des antagonismes du même genre, plus sérieux encore, car ils sont fondés non pas sur un procès de tendances, mais sur une offense réelle et une humiliation infligée par le fort au faible. La suppression des souverains ne supprimerait pas les haines nationales et les conflits d'intérêts qui séparent les États. Ce sont ces conflits qu'il faudrait s'efforcer d'atténuer.

Une telle absence de réalisme et d'esprit critique, la facilité avec laquelle les faits sont perdus de vue dans les conversations journalières ne laissent pas que d'être déconcertantes. Ignorance réelle ou parti pris de les ignorer, parce qu'ils sont gênants? On ne peut pourtant pas les supprimer. Cela devient du mysticisme; on marche dans le rêve. Quand donc cesserons-nous de nous laisser mener par la sensibilité et rendrons-nous à l'intelligence et à la raison leur prééminence?

CHAPITRE IX

28 mars. — Les fausses nouvelles continuent.
Nous sommes inondés de renseignements absurdes,
perfides ou naïfs. Une patrouille bulgare, vue le
long de la frontière, devient un régiment. Il y a
toujours quelques divisions prêtes à envahir la
Grèce. Les dépêches des agences annoncent constamment l'attaque imminente de Salonique. Mais
elle demanderait la mise en œuvre de moyens tels
que l'ennemi ne peut guère y songer maintenant
qu'il a engagé une si grosse partie devant Verdun.
En tout cas, comme il n'y a pas de routes entre la
frontière et nous, ce ne sera certainement pas une
attaque brusquée et nous aurons tout le temps de
la voir venir.

Les chasseurs d'Afrique qui sont aux avant-
postes, en contact avec les Allemands et les Bulgares, les voient travailler tranquillement à leurs
ouvrages de défense; ils ont même assisté une fois

à une manœuvre à double action, simulant l'attaque d'un village. Nos avions nous rapportent des photographies de leurs tranchées et de leurs réseaux de fil de fer; leur organisation paraît déjà très forte.

Aussi, bien qu'on dise à Salonique que l'armée va prendre l'offensive, nous n'y croyons pas. Nous n'avons pour cela ni assez d'hommes, ni assez de canons. On parle de 400 000 hommes qui seraient prêts à agir dans quelque temps. Quelle arithmétique fantaisiste! Depuis que nous avons été renforcés par la division coloniale en réserve à Moudros, il y a quatre divisions françaises : 80 000 hommes environ. Comptons 120 000 Serbes, qui doivent venir de Corfou; c'est un maximum, et ils ne seront pas armés, équipés, instruits avant plusieurs mois, trois ou quatre au moins. Total : 200 000 hommes. Restent les cinq divisions anglaises; mais veulent-elles marcher pour une offensive? On annonce la venue de troupes russes, une division tout au plus. Nous en restons donc à 215 000 hommes — 315 000 avec les Anglais — contre 350 000 Bulgares, sans compter ce que les Allemands peuvent leur laisser ou leur amener. Tous ceux qui veulent bien réfléchir soutiennent donc que l'armée d'Orient ne peut rien tenter de sérieux contre les Bulgares, tant qu'ils ne seront pas attaqués de l'autre côté par les Roumains ou les Russes. Nous ne forcerons pas la porte et n'entrerons que si elle nous est ouverte par derrière.

1er avril. — On constitue des détachements qui vont se porter en avant, avec la mission de faire des routes. Puis toute l'armée sortira du camp retranché et se formera en cordon le long de la frontière. Il serait intéressant de savoir quel changement soudain dans la situation a retourné les idées à Salonique et les a fait ainsi passer d'un extrême à l'autre. Non seulement on ne redoute plus d'être attaqué par l'ennemi, mais on paraît avoir la certitude qu'il restera inerte. Cette certitude peut seule expliquer un mouvement aussi dangereux que celui que nous faisons. Notre ligne, démesurément étendue pour nos effectifs, ne sera forte nulle part avant plusieurs mois, puisque tout est à créer comme organisation défensive.

Les jeunes gens s'exaltent à l'idée de reprendre la guerre de mouvement; on entend même parler d'aller à Sofia! Les esprits rassis restent convaincus qu'elle ne commencera pas avant l'automne et que la marche en avant va s'arrêter à quelque trente kilomètres d'ici, un peu en deçà de la frontière. Mais nous partons tous enchantés de quitter le camp retranché, devenu odieux avec ses chemins défoncés, ses terres remuées, son lacis inextricable de tranchées, de boyaux, de fils de fer. Dans cette guerre, on vit toujours d'espoir et puisque, suivant toute apparence, nous ne devons pas nous battre avant longtemps, nous avons celui de voir du nouveau et de nous établir dans un pays moins désolé. Peut-être même pourrons-nous tirer le canon... de loin.

Avril. — En deux étapes nous nous sommes portés du camp retranché à une dizaine de kilomètres de la frontière qui sépare la nouvelle Grèce de la nouvelle Serbie. Départ très précipité, à coups de télégrammes. On pourrait croire qu'il s'agit d'arrêter la fameuse invasion bulgare, dont la menace a été tout l'hiver brandie sur nos têtes pour exciter notre ardeur au travail : tonnerre de Calchas qui n'effrayait personne. Ces jours derniers, on poussait fiévreusement la construction des observatoires et des postes de commandement bétonnés, et voilà qu'on nous fait partir sans même nous laisser le temps d'enlever les coffrages.

Il n'est pourtant question de rien. Pas d'opérations en vue. Situation singulière. Sommes-nous en guerre ou bien aux grandes manœuvres, ou au camp de Mailly? On semble ne pas tenir compte de l'ennemi. Comme l'expérience de la dernière campagne nous a appris qu'il n'est pas méprisable, une rumeur bizarre se répand qu'un pacte secret a été conclu avec lui et qu'il s'est engagé à ne pas nous attaquer et même à nous céder le terrain après un simulacre de résistance, moyennant des compensations territoriales que nous lui assurons...

La division s'étire en un long et mince cordon à distance respectueuse des positions que les Bulgares ont organisées au delà de la frontière. Il en est de même, paraît-il, pour les divisions voisines. Le gros de l'infanterie fait des routes en arrière d'une ligne d'avant-postes clairsemés. Telle est la confiance, qu'en certains points les batteries de 75 se mettent à la hauteur des postes les plus avancés. C'est le seul moyen qu'elles aient de pouvoir tirer, et encore à limite de portée. Cela ne leur est pas arrivé depuis six mois, depuis cette fameuse journée du 11 décembre où la frontière a, si heureusement pour nous, arrêté les Bulgares. Il faut qu'elles tirent pour remettre en main le personnel et lui donner confiance.

Elles sont installées, les unes sur les pentes des collines, au milieu des rochers ; les autres au creux des vallons ou dans la plaine, les pièces dissimulées dans les buissons naturels ou artificiels. Que de mal pour obtenir que ces derniers aient l'air à peu près naturels ! On voit de loin quatre amas de branchages bien alignés et régulièrement espacés. Il faut lutter pour faire rompre cette belle symétrie. « Évitons dans nos travaux les lignes géométriques, répète le général ; elles trahissent toujours la main de l'homme, puisqu'elles ne se rencontrent jamais dans la nature, hors dans les cristaux. » Le fait est que, sur les photographies prises en avion, c'est seulement leur tracé géométrique qui distingue les ouvrages de défense des lignes naturelles du terrain, chemins, ruisseaux, ravins.

De nos postes d'observation, nous apercevons les organisations défensives des Bulgares. Ils y travaillent encore : chaque jour, de nombreuses explosions indiquent qu'ils font sauter des mines pour creuser des tranchées ou des abris dans le roc. Contre leurs travailleurs, le 75 ne peut rien, faute d'une portée suffisante; c'est l'affaire du 120. Nos objectifs se bornent à quelques observatoires ou postes avancés, que nous font découvrir les allées et venues des occupants. Quelquefois, nous pouvons saisir des chevaux en train de pâturer ou mal abrités au cours d'une reconnaissance. Le compte rendu journalier mentionne alors gravement qu'une batterie a dispersé un groupe de chevaux ou un état-major; il faut bien annoncer quelque chose, les autorités supérieures, qui ont à alimenter le *Communiqué*, n'aimant pas qu'on mette : Rien à signaler.

Si grande est l'ardeur des jeunes gens qui s'exercent au tir en commandant une section, qu'ils ouvrent le feu sur tout ce qui apparaît à l'horizon. Tels ces chasseurs novices qui, à la chasse au sanglier, voyant remuer dans un buisson, lâchent leur coup de fusil et vont ramasser une vieille femme qui cherchait du bois mort. Un jour, une grosse patrouille de notre infanterie, en reconnaissance du côté des lignes ennemies, fut accueillie par une rafale d'obus qui, heureusement, ne lui firent pas de mal. L'imprudent qui avait commandé le tir craignait une histoire. L'infanterie voulut bien ne pas se froisser du procédé et se dire satisfaite de ce que nos batteries étaient si vigilantes. « A la bonne heure ; au moins, l'ennemi se verra bien reçu s'il se montre. »

Les Bulgares aussi sont vigilants et ne manquent pas de saluer les Anglais qui ont la manie de s'exhiber en groupes et de gesticuler au sommet des pitons sous le prétexte de reconnaissances ou de topographie. Ils tirent même plus que nous ; du haut de leurs montagnes, ils voient toute la plaine où nous sommes ; certains jours ils envoient une centaine d'obus sur un bivouac ou un centre de ravitaillement, avec des résultats presque toujours insignifiants. Un beau soir, ils ont arrêté une locomotive en coupant à coups de canon la voie devant et derrière ; puis, jusqu'à la nuit, ils se sont amusés à tirer sur elle, sans arriver à mettre dedans un seul projectile, bien que le tir fût parfaitement réglé : les lois de la probabilité ont de ces hasards. La machine bravait les éclats et, la voie ayant été réparée pendant la nuit, repartit tranquillement.

Mai. — La chaleur commence à se faire durement sentir. Nous en souffrons d'autant plus que l'ombre est plus rare. Des saules dans le lit de la rivière; contre les villages, des mûriers en quinconces et quelques arbres fruitiers. Sur les collines pierreuses, des buissons épineux isolés; presque aucun qui ne serve de gîte à un gros lézard vert et n'abrite un pied d'arum, dont la fleur géante s'épanouit en un cornet de velours grenat, profond de 50 à 60 centimètres. Mais pas un arbre dans la plaine ni sur les pentes des collines. Soyons précis : il y en a trois, un sycomore trapu et deux peupliers au feuillage bruissant, qui donnent leur ombre bienfaisante aux abords d'une fontaine, une de ces fontaines comme les Turcs, dans tout l'Orient, en ont construit le long des pistes; simple cube de maçonnerie, parfois orné d'une tablette portant un verset du Coran, d'où jaillit l'eau fraîche amenée par une conduite souterraine qui la met à l'abri des souillures.

Plus d'une fois, lors des reconnaissances que nous fîmes pour l'occupation des positions, nous sommes venus à la fontaine des Trois Arbres manger le frugal repas qu'on prend sur le terrain. Les cimes touffues hébergeaient les nids d'un peuple nombreux et tapageur : cigognes, corneilles, petits oiseaux de toute espèce paraissaient y vivre en bonne intelligence. Glissant sur leurs ailes courbes, deux émouchets accouraient à chaque instant du fond du ciel pour apporter la pâture à leurs petits, qui les accueillaient avec des cris aigus. Un couple de geais bleus (1) était aussi établi dans un buisson du voisinage et venait sous nos yeux prendre ses ébats, le mâle faisant en l'air force cabrioles pour éblouir sa compagne par les bizarreries de son vol et le chatoiement de son plumage aux précieux reflets, où se jouent toutes les nuances du bleu et du vert.

Plus beaux encore étaient les guêpiers (2) avec leurs grandes ailes en faucille, leur corps élancé, vêtus de blanc, de brun, de jaune d'or, de bleu, de vert tendre, de vert foncé, tantôt volant à la manière de l'hirondelle, tantôt fendant l'air comme le faucon, les ailes étendues et demi-ouvertes, et jetant sans cesse leur cri d'appel. Il me suffirait de les entendre de nouveau pour retrouver dans toute leur intensité les images de cet éclatant printemps de Macédoine, qui verdissait les plaines et couvrait de fleurs les parois ocreuses des ravins, comme après plus de trente-cinq ans les cris aigus des martinets, quand ils tournent leurs rondes folles, me rappellent avec une vivacité de sensation incroyable les soirs d'été si calmes et si chauds où je les entendais dans le jardin paternel.

Pendant deux ou trois semaines, la plaine fut riante : du fond de la vallée à la cime des mon-

(1) Le rollier, *Coracias garrulus*.
(2) *Merops apiaster*.

tagnes, elle se couvrit d'une herbe abondante, fine, parfumée. C'était un plaisir de chevaucher au travers de cette herbe aussi haute que les cigognes qui s'y promenaient à pas comptés, noires et blanches et bottées de jaune. Souvent à la fin du jour, du bivouac installé au sommet d'une colline, j'ai longuement admiré les jeux de la lumière sur l'immense prairie, où se fondaient tous les verts et les gris les plus doux avec de grandes taches roses, bleues, mauves, dorées, formées par des nids de fleurs. Peu à peu, les tons passèrent au jaune et au roux. Un beau jour, tout se trouva desséché, brûlé par le soleil. C'est bien le *foenum exarescens* de l'Écriture : dans ce pays si proche de l'immuable Orient, les images bibliques reviennent naturellement à l'esprit.

Puis il y eut de grands incendies ; il suffisait d'un feu mal éteint, d'une allumette jetée sur l'herbe ; la flamme gagnait sous le vent, tandis que d'épaisses fumées tourbillonnantes montaient vers le ciel, et que, la nuit venue, les nuages éclairés par en dessous semblaient s'embraser eux-mêmes. Des bandes d'hirondelles et de petits oiseaux précédaient le feu, pour gober les insectes qu'il faisait se lever par milliers. Derrière, on voyait arriver les cigognes, leur corps en fuseau balancé sur leurs grandes ailes ; elles s'abattaient sur le sol à peine refroidi et se régalaient des grenouilles, des tortues et des serpents grillés à point.

Nous sommes sur les collines qui séparent du Vardar les lacs d'Ardzan et d'Amatovo et le bassin du Gjol Ajak. Du côté de l'Orient, la vue est arrêtée par celles qui s'élèvent entre ce bassin et celui du Spanc; du côté du nord, par les hauteurs dominant le lac de Doiran. Face au sud, la plaine s'étend à perte de vue; elle descend vers la mer avec de molles ondulations; sur les dernières sont établies les lignes du camp retranché de Salonique. La dépression qui s'allonge entre les lacs de Doiran et d'Ardzan est large d'une dizaine de kilomètres; les collines qui la bordent la dominent de 3 à 400 mètres. Le Gjol Ajak réunit les deux lacs; son cours est rapide, mais son caractère de déversoir lui donne une régularité que n'ont pas les autres rivières du pays, dont l'allure est complètement torrentielle. Il ne divague pas sur des grèves dans un lit trop large et ne dégrade pas trop ses berges. En maint endroit, il est bordé de saules, sous lesquels les chevaux de l'artillerie et les mulets des compagnies de mitrailleuses s'abritent des rayons du soleil et des vues des avions. Peu à peu, nous voyons se flétrir le feuillage de ces pauvres arbres; les animaux en rongent l'écorce, et un arbre dont une bande d'écorce, si étroite soit-elle, a été enlevée sur toute la circonférence du tronc, est condamné à mort, la circulation de la sève se trouvant interrompue par la rupture des vaisseaux. Échapper aux vues des avions

est la grande préoccupation; il faut cacher les animaux, camoufler les canons, les caissons, les voitures, les tentes. C'est difficile dans un pays aussi
nu, et souvent l'amas de branchages sous lequel
on prétend dissimuler l'objet tranche tellement
avec le sol qu'il ne sert qu'à attirer l'attention. Il
faudrait des bâches peinturlurées avec les teintes
locales, comme on en a sur le front français.

La tristesse de ces étendues roussies, calcinées
par endroits, n'est rien à côté de la désolation qui
s'exhale des villages ruinés. Même debout et intactes, les maisons en terre, couleur de poussière
et d'herbe sèche, ont un aspect de grande pauvreté;
leurs décombres, leurs murs écroulés et retournés
à l'argile originelle, donnent la plus poignante
impression de misère. Point n'est besoin d'en voir
davantage pour saisir tout ce que la Macédoine a
souffert. Quand les Grecs ont occupé le pays en
1913, ils ont continué l'œuvre des bandes et des
comitadjis en brûlant systématiquement les maisons où habitaient des Bulgares : des villages
entiers furent ainsi détruits. La population ex-
pulsée ou massacrée a été remplacée par des gens
de langue grecque, réfugiés de diverses régions de
l'empire ottoman, Asie Mineure, Thrace, rivages
de la mer de Marmara. Parmi ces malheureux, les
uns sont venus par voie de terre, emportant une
partie de leurs effets sur des chars à bœufs; ils
gagnent de l'argent comme voituriers, en louant

leurs chars à l'Intendance des Alliés pour le ravitaillement, ou aux marchands de Salonique qui approvisionnent les boutiques ouvertes dans les villages occupés par les troupes. Les autres, partis en octobre 1914, sous les coups de fusil des bandes turques, n'ont eu que le temps de se jeter dans les bateaux qui les ont amenés à Salonique. Ceux-ci sont dans un affreux dénuement. Ils ont reçu du gouvernement grec un bœuf de labour pour trois ou quatre familles et du grain en quantité insuffisante pour ensemencer les terres nécessaires à leur subsistance. Trop affaiblis et déprimés pour réagir, ils traînent la plus misérable des vies, souffrant d'autant plus de leur condition présente que beaucoup d'entre eux étaient riches et vivaient sur leurs terres dans une large aisance. Ils n'ont qu'un espoir : retourner chez eux. Ils acceptent la domination turque, pourvu qu'ils retrouvent leur village, leur maison, leur champ, tant est puissant l'attrait du sol natal. La solution de la question macédonienne n'est donc pas dans le « triage » des populations de race différente et leur répartition sur les territoires où elles se trouvent déjà en majorité.

Des comités officiels et privés ont été formés pour assister ces réfugiés, les nourrir, ou plutôt les empêcher de mourir de faim : nous avons vu des femmes couper les chardons poussés sur les ruines et les faire bouillir pour les manger. Pen-

dant l'hiver, les Français qui occupaient Kukus
ont fait des distributions de légumes secs aux
plus misérables. Pour les loger, l'administration
grecque a construit une sorte de pauvre cité ouvrière.

CHAPITRE X

Juin. — Une chaîne de hauteurs dont le sommet culminant est à 645 mètres sépare la vallée du Gjol Ajak de celle du Spanc. Elles sont d'accès assez facile ; quelques sentiers muletiers les traversent, tracés au flanc des ravins profonds qui les entaillent. Il n'en est pas moins malaisé de les franchir, tant les Anglais y font bonne garde. S'ils sont aussi vigilants contre l'ennemi que méfiants envers leurs voisins de secteur, ils ne se laisseront pas surprendre. Une série de sentinelles, embusquées comme il est prescrit, — ils ont toujours l'air de jouer au boy-scout ; au fond, ils sont plus sérieux que nous — m'arrêtent, me font rebrousser chemin, m'amènent devant un colonel qui veut bien me reconnaître pour officier français et me fait relâcher.

Sitôt franchie la ligne de faîte, le changement est complet. D'un versant dénudé on passe sur des pentes boisées ; un village où aucune maison n'est démolie se cache sous les arbres. Au lieu d'une plaine nue, sans une limite de champ qui rompe l'uniformité du sol, le fond de la vallée montre des cultures variées ; le vert tendre du maïs alterne avec le vert sombre du tabac ; les champs sont encadrés par des haies, on voit serpenter des chemins creux bordés d'arbres. L'impression est brusque et saisissante, c'est presque un paysage de Bresse.

La plaine s'arrondit à l'intérieur du demi-cercle formé par les montagnes du Krusa Balkan, qui la dominent de 5 à 600 mètres. Les sommets se profilent en forme de pains de sucre, de ballons, de trapèzes. Sur une crête se dresse un bouquet de grands arbres, le cimetière de Baïsili. Ici les cimetières turcs sont éloignés des villages et à l'ombre des bois ; des chênes magnifiques abritent les pierres levées, parfois surmontées d'un turban sculpté, qui se dressent au-dessus de chaque tombe. Ces cimetières s'étalent sur de larges surfaces et leur étendue semble disproportionnée avec le peu d'importance des villages.

Les pentes jaunies par l'été sont mouchetées de grandes taches vertes. Ce sont des bois. Quand on est dessus on constate qu'ils sont le plus souvent réduits à des touffes rongées, émondées par la

dent malfaisante des moutons et surtout des chèvres, terribles destructrices de la végétation dans
tous les pays méditerranéens. Sur les versants
exposés au nord et à l'est, il existe pourtant de
beaux taillis de chênes et de charmes. Un peu
partout, des arbres isolés, ormes, sycomores,
châtaigniers de belle venue.

Tout autour de la plaine s'égrènent les villages
bien abrités dans les vallonnements qui s'enfoncent au flanc de la montagne. Au centre, coupé en
deux par le large lit du Spanc, est Snevce, le plus
important. Le marché qui s'y tient une fois par
semaine est aussi fort que celui de Kukus. Ce jour-
là on voit déboucher par tous les sentiers des files
de petits ânes, sur lesquels sont juchés des Turcs
impassibles, venant des villages et des hameaux à
quatre lieues à la ronde; ils apportent du grain,
des légumes : tomates, aubergines, piments verts;
des fruits, des œufs, de rares volailles, — ils ne
s'en défont pas volontiers, — de la laine brute,
beaucoup de peaux de chèvres et de moutons. Ils
remportent du riz, du sel, du sucre, du savon, de
la mercerie, du drap. Ils font raccommoder leurs
chaussures et les bâts de leurs ânes par les cor-
donniers et les bourreliers qui vont de marché en
marché exercer leur métier. La présence de nos
soldats augmente l'animation, mais ne fait pas trop
monter les prix. Nous avons tarifé les denrées : le
sel fin ne doit pas être vendu plus de 0 fr. 50

l'ocque (les 1 250 grammes); le gros sel, 0 fr. 25; le sucre, 3 francs. Un poulet vaut de 3 à 4 francs, il valait 0 fr. 50 avant notre arrivée dans le pays; un œuf : 0 fr. 20.

Nous habitons la maison de Demir Agha, hodja de Snevce. Elle est petite, mais presque neuve; il l'a construite en 1912, immédiatement avant la première guerre balkanique; il n'en a donc guère joui. Elle lui est revenue à 2 000 francs, sans compter le bois qu'il a fourni en nature. Elle comporte une galerie, au fond de laquelle est une estrade; c'est là qu'il faisait la classe aux petits Turcs. Sur la galerie ouvrent deux chambres complètement nues; chacune est munie d'une cheminée, des placards sont ménagés dans les murs. Dans la cour, un bâtiment bas, sans fenêtres, sert d'étable. La cour et la maison sont attenantes à celle plus modeste encore de son frère, qui a été tué comme soldat turc dans la guerre de 1912. C'est là que les deux familles se sont resserrées pour nous faire place : le hodja, sa femme, sa belle-sœur et sept enfants, quatre garçons, Mustapha, Osman, Ali, Ahmed, et trois filles; l'aînée étant voilée, nous connaissons seulement les deux petites, Aïcha et Pakisé. En trois mois, jamais nous n'avons vu le visage des femmes.

Le hodja cause volontiers et d'une manière intéressante. Il est maigre, étroit d'épaules, un peu voûté, presque toujours vêtu d'un long man-

teau de laine blanche; le visage émacié, garni
d'une barbe rare, la voix douce, les gestes discrets,
l'air d'un religieux, détaché des choses d'ici-bas
et parfaitement soumis à la volonté de Dieu..
Jamais je n'oublierai le sourire avec lequel il vit
arriver à Snevce les soldats anglais succédant aux
Italiens qui y avaient remplacé les Français, venus
eux-mêmes après les Grecs.

Les petits garçons ont fait des progrès rapides,
dans l'intimité du cuisinier; ils tournent le moulin
à café et rendent de menus services, payés en
nature. Pendant les repas, ils manœuvrent la
panka qui agite au-dessus de nous l'air brûlant..
Leur grand plaisir est de s'entendre appeler en
turc au téléphone. Les deux petites filles sont plus
réservées, presque farouches; elles ont déjà les
pudeurs de la femme musulmane et détournent la
tête pour recevoir des mains des soldats les plats
qu'ils leur passent par-dessus la haie.

Car ces gens sont pauvres, et leur pauvreté leur
fait accepter avec reconnaissance ce que nous leur
donnons. Le pain surtout leur est précieux; ils.
nous l'échangent contre des œufs frais, à raison
de cinq œufs pour une boule : « Je bénis mes
poules, dit le hodja, grâce auxquelles j'ai du
pain. » Ils le trouvent meilleur que leur pain de
maïs, fait avec une farine grossière et mal levée;
il leur permet surtout d'économiser cette farine,
dont ils n'ont guère que pour deux mois. La

récolte de cet été est très inférieure à la normale :
faute de bœufs pour labourer, on n'a pu ensemencer qu'une faible partie des terres ; puis une
sécheresse exceptionnelle a beaucoup diminué le
rendement.

Avant la guerre, le village de Snevce était riche.
Cette année, la dixième partie seulement des terres
est cultivée ; autrefois elles l'étaient si bien qu'on
avait peine à y trouver des terrains pour faire
paître les moutons ; il y en avait trois mille, ils sont
réduits à cinquante. En 1912-1913, les Bulgares
ont commencé à les enlever ; puis les Grecs sont
venus qui ont réquisitionné le reste à vil prix.
Nous-mêmes, en vivant sur le pays, achevons de
le ruiner : l'argent ne remplace pas le bétail.
L'hiver prochain, il nous faudra nourrir cette
population qui n'a du pain que pour deux mois.

Plus pauvre encore est la famille de Tziganes
qui habite la maison d'à côté. Contrairement à
leur tradition de race, ceux-là sont sédentaires
depuis une génération et fixés à Snevce, où le chef
de famille exerce le métier de forgeron. Il y en a
dans le village deux ou trois autres familles. Ils
sont plus bruns de peau que les Turcs, quelques-
uns même presque noirs. Ils se disent originaires
de l'Égypte ; les Turcs leur attribuent aussi cette
origine et les regardent comme des étrangers : on
ne se marie pas entre Turcs et Tziganes. Ils les
méprisent parce qu'ils ne pratiquent pas la reli-

gion, ne font pas le ramadan et ne voilent pas leurs femmes. Ils leur prêtent aussi la mauvaise réputation d'être paresseux, menteurs et voleurs. En tout cas, les Tziganes sont moins sérieux, moins honnêtes que les Turcs. Eux-mêmes conviennent gaiement de leurs défauts : « Le Tzigane est comme le soldat français, il jette le pain », nous dit l'un d'eux. Ce qui est pour les Turcs un grand scandale.

Juillet. — Autour de Snevce, blottis dans les vallons et les creux de la montagne, sont de petits villages entièrement turcs. J'aime à aller m'y promener pour jouir de leur pittoresque et y chercher de ces voiles si fins et si joliment décorés que tissent et brodent les jeunes filles pour en orner les murs de leur chambre le jour de leurs noces : souples étamines de laine ou de coton, aux bordures semées de fleurs de soie par un patient travail de fils tirés, à la fois riche et léger; ou mousselines transparentes chargées de lourdes broderies d'or. Les nuances, très variées, sont toujours heureusement harmonisées; les fleurs, feuillages, dômes de mosquées et minarets, reliés avec goût par des arabesques ou des lignes aux formes géométriques, dénotent un sentiment artistique qu'on ne s'attendrait pas à rencontrer chez des paysannes turques.

Le lendemain du mariage, les voiles sont serrés

dans le coffre d'où ils ne sortiront qu'à la suite
d'un pillage ou pour passer aux mains des marchands juifs de Salonique, qui font dans les campagnes de fructueuses tournées, surtout depuis la
présence des Alliés en Macédoine.

On y prend sur le vif les conditions d'existence
des paysans turcs de Macédoine. Ils paraissent, à
les voir de la sorte, si paisibles et si doux, qu'à
l'armée d'Orient c'est un lieu commun de dire : la
meilleure et la plus sympathique des populations
balkaniques, ce sont les Turcs. N'exagérons pas.
Ces Turcs sont ceux qui, le moment venu, comme
soldats réguliers ou simples fanatiques, com-
mettent sur la population chrétienne les atrocités
qui ont justement soulevé l'opinion européenne.

Dans un pays où les communications n'existent
pour ainsi dire pas, même en plaine et entre les
centres importants, ces villages perdus dans la
montagne sont presque complètement isolés. On
va de l'un à l'autre par un sentier qui court tantôt
à flanc de coteau, tantôt sur la crête, longeant les
champs de maïs et de tabac, passant à travers les
friches. Quand il rencontre un ravin, ou bien il y
descend brusquement par des gradins naturels, ou
bien, plaqué à mi-pente, il remonte chercher un
passage à la tête du vallonnement en contournant
les blocs de rochers ou les escaladant. Là où la
roche est tendre, le piétinement séculaire des
bourricots y a creusé, à la dimension de leurs

petits sabots, une rigole si étroite que les chevaux sont gênés pour y passer. Ailleurs, les rochers sont taillés en marches d'escaliers de hauteur inégale. Le point dangereux se trouve au coude à angle aigu par lequel le sentier passe d'une rive sur l'autre; quand le sommet de l'angle n'est pas sur le roc, la terre s'éboule peu à peu, rongée par en dessous, et du sentier en corniche il ne reste que juste de quoi poser le pied du cheval. Jamais les indigènes n'auraient l'idée de donner les quelques coups de pioche nécessaires pour arranger le passage et le consolider; ils en cherchent un autre plus haut ou plus bas.

La piste est déserte; pas d'autre rencontre que celle d'un ménage turc revenant des champs. L'homme se prélasse sur l'âne; chargée d'une botte de paille, enveloppée dans ses voiles, la femme suit derrière, à longues enjambées. En approchant du village, le sentier s'élargit et devient un chemin creux entre deux haies de cornouillers, dont les baies rouges luisent dans l'ombre; l'air est embaumé du parfum des clématites. Des arbres magnifiques s'élèvent au fond du ravin : figuiers, saules géants, ormes, sycomores, peupliers, trembles. C'est le jour de la lessive; les chaudières chauffent sur les feux allumés au bord du ruisseau. Les laveuses ne nous ont pas vus venir de loin : elles n'ont donc pas pu s'enfuir. Prestement elles ramènent leur voile sur leur

visage et nous tournent le dos, accroupies et la
tête sur les genoux. Comme elles sont le long du
sentier, les chevaux passent près d'elles à les
frôler sans qu'elles fassent un mouvement.

Une quinzaine de maisons s'espacent sur les
pentes au gré des replats du terrain. Presque
toutes sont précédées d'une cour qu'entoure un
mur élevé. Des figuiers le dépassent; les figues
commencent à montrer leurs petites têtes rondes
et vertes le long des branches garnies de feuilles
luisantes largement découpées. Si du haut de son
cheval on plonge le regard à l'intérieur, on voit
que la galerie où travaillent les femmes est fleurie
de giroflées, d'œillets de Chine et de basilics. Les
murs sont tendus du haut en bas de feuilles de
tabac qui sèchent au soleil. Un beau pied de vigne
s'étale en un berceau qui abrite tout un coin de la
cour; un autre monte le long d'un arbre, en
atteint la plus haute branche pour gagner la
lumière et l'enveloppe de ses larges feuilles et de
ses sarments retombants où pendent les grappes
aux grains déjà gonflés.

La grande porte à double vantail, qu'abrite un
petit toit, est toujours soigneusement fermée pour
mettre à l'abri des curiosités extérieures l'intimité
de la vie musulmane. Cette clôture n'empêche pas
la maison d'être accueillante à l'étranger qui passe,
et les Turcs de pratiquer l'hospitalité la plus fra-
ternelle. Les gendarmes grecs le savent bien, qui

ne sont jamais en peine de leur gîte au cours de leurs tournées. A quelque heure du jour ou de la nuit qu'ils frappent à la porte, elle s'ouvre; le temps de faire retirer les femmes, et le maître du logis les accueille, les fait servir par ses fils et leur donne la plus belle chambre de la maison.

Aucun bruit dans le village; il paraît dormir sous le soleil brûlant. Nous ne voyons qu'une petite fille de quatre ans, vêtue d'une longe robe bleue, ses cheveux blonds pris dans un fichu bleu. En nous apercevant, elle crie « asker, asker » (les soldats) et court à la porte de sa maison qui est fermée. Elle crie de plus belle et se met à trépigner en battant des mains. De l'autre côté de la porte, sa mère lui dit de se glisser dessous, ce qu'elle fait comme un chat par une chattière. Une vieille est assise dehors, en train de filer la laine; comme nous la regardons, elle nous crie d'une voix courroucée de détourner la tête.

Voici enfin les hommes. En ce moment ils vivent dans un désœuvrement presque complet : affranchis de tout besoin superflu, ils ne travaillent que pour assurer leur frugale nourriture; si la faim ne les poussait pas, ils ne feraient rien : les longues causeries sont si agréables et le repos est une si bonne chose! Le blé et l'orge sont rentrés et battus; le maïs vient d'être récolté, il sèche sur l'aire en tas d'or; le tabac continue à pousser. Il y a donc trêve aux travaux des champs.

D'ailleurs, c'est le ramadan. Notre hôte reste
enfermé chez lui tout le jour; il se repose pour
compenser le sommeil de la nuit, pendant laquelle
il prend ses deux repas. On ne le voit qu'un peu
avant le coucher du soleil; il sort avec son âne,
chargé de tous les pots du ménage, et s'en va,
serein, grave et lent, chercher l'eau à la fontaine.
A la nuit, les femmes, soigneusement enveloppées,
sortent aussi pour aller bavarder chez une voisine;
il y a réunion tous les soirs. Ici la journée se
passe dans une délicieuse oisiveté. Assis à l'ombre
d'un prunier chargé de fruits roses et nacrés, les
hommes font « mohabed ». Ils se content leurs
affaires personnelles. Ces gens pratiquent une
étroite solidarité, les moins pauvres aidant les
plus pauvres; l'unique paire de bœufs laissée par
les réquisitions est mise en commun et laboure
successivement tous les champs.

Ils s'entretiennent aussi des affaires du village;
leur grande préoccupation de l'heure présente est
de savoir s'ils doivent payer l'impôt aux Grecs :
l'éternelle question en Orient, que les Juifs po-
saient déjà au Christ. Ils estiment qu'ils ne leur
doivent plus rien, puisque ce sont les Français qui
occupent la Macédoine. Ils nous prennent comme
arbitres et recourraient volontiers à notre protection : peuvent-ils compter sur nous pour les défendre contre les exactions des agents du fisc grec
qui se présentent menaçants, le revolver au poing?

Aux Turcs, ils payaient un sac de grains sur huit, les Grecs leur prennent davantage et sans aucun ménagement; impossible de s'entendre avec eux moyennant le bachiche : « Ils se sont abattus sur nous comme des poux sur un coq gras (1). » Leur désir à tous est que nous restions dans le pays pour leur assurer une bonne administration et la paix; ils nous apprécient aussi parce que nous avons beaucoup d'argent.

A notre arrivée, ils se sont levés et nous ont offert des prunes cueillies à pleines mains.

Un d'eux nous conduit à l'école où nous trouvons le hodja. Il est jeune, l'air distingué et intelligent, les mains et les poignets d'une finesse remarquable. Nous échangeons les salutations d'usage : « Sois le bienvenu. » — « Et toi, sois le bien trouvé. » Il fait appeler le mouktar (maire), un vieux tout voûté, avec qui nous réglons la question des œufs : le village doit nous en fournir chaque semaine un certain nombre de douzaines à 0 fr. 20 pièce; à lui, mouktar, de répartir la fourniture entre les familles et de nous la faire apporter à jour fixe : il en est responsable.

(1) Qu'il soit bien entendu que je me borne ici à rapporter les propos recueillis et ne prétends nullement me faire l'arbitre entre Grecs et Turcs en ce qui concerne la perception de l'impôt. Ce sont des Turcs qui parlent. Il est donc naturel qu'ils regrettent le temps de la domination ottomane, qui était pleine de complaisances pour eux et se rattrapait en faisant payer les chrétiens davantage.

Puis, pendant que le feu s'allume pour chauffer l'eau du café, nous causons. Le hodja a douze petits élèves, dont trois très studieux qu'il poussera à l'École de théologie de Salonique pour en faire des hodjas. Il sait que le village compte dix-huit maisons, mais ne peut pas nous dire le nombre exact des familles. Et c'est lui qui est chargé d'en tenir l'état civil! Pas de familles nombreuses, aucune n'a plus de cinq enfants. La population croît très lentement, la mortalité étant grande chez les enfants.

Quatre hommes ont été tués comme soldats pendant la guerre de 1912; c'est beaucoup. Il faut noter que l'armée ottomane étant recrutée presque exclusivement parmi les Turcs, même depuis les réformes, dans tout l'empire les pertes en hommes ont considérablement affaibli la population musulmane par rapport à la population chrétienne. Un de nos interlocuteurs est revenu blessé de la guerre. Je lui demande pourquoi les Turcs ont été battus. « C'était écrit. » J'insiste et cherche à le faire parler des causes de la défaite. « Nous ne savons pas; ces choses dépassent notre intelligence. »

Quand l'armée bulgare a traversé le pays dans sa marche sur Salonique, les soldats se sont bien conduits et n'ont pas commis d'excès; les officiers y tenaient la main. A Snevce, le colonel commandant le premier régiment arrivé a réuni la population sous les grands saules qui sont au bord de la

rivière pour lui dire qu'elle n'avait rien à craindre.
Mais sitôt les troupes régulières passées, des
bandes qui les suivaient ou se levaient derrière
elles ont commencé le pillage et le massacre.
Dans la région, les massacres eurent un double
caractère : jacquerie et vengeance à titre de repré-
sailles contre les persécutions turques antérieures.
A Snevce, par exemple, une bande descendue du
village chrétien de Moravca a rassemblé dans le
lit du Spanc douze notables turcs et les a assas-
sinés. Or, la plupart de ces Bulgares de Moravca
étaient employés par les propriétaires turcs comme
bergers et domestiques de ferme. Le hodja dont
nous occupons la maison avait été emmené avec
les autres; il fut épargné à la demande d'un berger
qu'il avait élevé chez lui et toujours bien traité.

Ailleurs, dans un petit village où presque tous
les hommes furent ainsi massacrés par les gens
de Moravca, ceux-ci réglaient de vieilles dettes.
Le Turc qui nous raconte ces faits avoue que son
grand-père avait lui-même massacré autrefois une
famille de Moravca. « C'était, ajoute-t-il, noté sur
un livre. » Et il trouve cela tout naturel. A Dur-
mutschlu, un seul homme fut épargné, qui dut la
vie à ce qu'il ne possédait rien. « Je remercie Dieu,
nous dit-il, de m'avoir fait pauvre. » En dehors de
lui, il n'y a dans le hameau que six hommes,
venus des villages voisins pour le repeupler. Le
désir de venger une oppression séculaire, le pil-

lage et la reprise des terres sont, je crois, les motifs principaux qui poussent les Macédoniens chrétiens à massacrer les Turcs. Ceux-ci sont animés avant tout par le mépris et la haine de l'infidèle.

Quelle erreur de se fier à leur apparente douceur et à leurs protestations d'amitié! S'ils nous aimaient vraiment, leurs enfants ne crieraient pas, en nous montrant du doigt et en faisant le geste de tuer : « Mauvais Français! » Comme je demande si les Turcs d'aujourd'hui tueraient volontiers des chrétiens, on me répond avec un sourire gêné et énigmatique : « Nous ne tuons pas un poulet, comment tuerions-nous un homme? » La vérité est qu'ils nous craignent parce que nous avons la force. Nous l'avons bien constaté ce jour qu'étant allés enquêter sur des coups de fusil qui avaient été tirés à la tombée de la nuit aux abords d'un village, nous vîmes les gens trembler littéralement devant nous, mentir à qui mieux mieux et nous offrir des présents pour conjurer le châtiment dont ils craignaient de se voir frappés !

Ils sont aussi extrêmement habiles à dissimuler leurs sentiments et d'une souplesse qui les fait s'incliner avec une parfaite bonne grâce devant le maître du moment. Eux-mêmes en font l'aveu ingénu. A Marsalli, les gens se montrent froids et réservés à notre égard. Comme nous en parlons au hodja du village voisin qui nous fait un si bon accueil : « Vois dans un troupeau, nous dit-il, tu as des brebis estropiées, d'autres qui sont aveugles. Ainsi en est-il des hommes, tous ne pensent pas bien. Ceux-là (de Marsalli) sont portés vers les Bulgares, avec qui ils se sont mis bien en 1912. » Puis il ajoute, sans fausse honte : « Ils ne sont pas diplomates ! »

Lui, au contraire, ne sait comment nous témoigner son empressement. Devant l'école est un carré d'aubergines, au milieu duquel fleurit une belle giroflée rose. Il en cueille les tiges les mieux garnies et me les offre. Il y joint des brins de basilic; pas de maison qui n'en ait un pied, en pleine terre ou en pot. C'est, je crois, un porte-bonheur.

Pendant ce temps le feu s'est allumé et l'eau pour le café chauffe dans une petite casserole de fer, tenue par un long manche au-dessus du foyer. Quand elle est près de bouillir, on y verse la poudre fine, après y avoir mis un morceau de sucre. Pour que le café soit bon, il faut qu'il ait jeté trois bouillons et fait mine de s'échapper, en montant chaque fois jusqu'au bord. Il y en a juste de quoi remplir deux minuscules tasses de porcelaine; nos hôtes n'en prennent pas, à cause du ramadan. D'ailleurs cette cuisine est faite avec une propreté parfaite; une des causes principales de l'immense mépris des Turcs pour les chrétiens à côté desquels ils vivent est le défaut de propreté qu'ils leur reprochent; ils prétendent tirer une supériorité de leurs ablutions rituelles. Elle est peut-être plus théorique que réelle.

Le moindre incident leur est prétexte à des réflexions interminables. De derrière sa porte, une femme fait des difficultés pour accepter un billet français en échange d'une broderie. « Ne t'étonne pas, explique un vieux d'un ton sentencieux. C'est une femme, elle est donc moins intelligente qu'un homme. D'ailleurs tous les gens ne sont pas aussi intelligents les uns que les autres. Regarde les cinq doigts de ma main, aucun n'est pareil à son voisin. »

Malgré l'accoutumance, et bien qu'aucun incident ne se soit produit nulle part, ils sont extrêmement stricts sur le respect du rite qui veut que les femmes ne soient pas vues à visage découvert et même ne soient pas approchées. Comme nous étions en train de causer devant une maison, un de nos interlocuteurs remarqua tout à coup que nous nous trouvions en plein soleil et nous invita, par des paroles fleuries, à nous mettre à l'ombre un peu plus loin. Nous cédâmes et nous aperçûmes bientôt que cette sollicitude pour notre bien-être n'avait d'autre objet que de nous éloigner de la porte par où une femme devait rentrer chez elle. Au moment où nous remontions à cheval pour prendre le chemin qui nous faisait passer près des laveuses dont j'ai parlé, le vieux mouk-

tar, gardien fidèle de la loi, ramassa un morceau
de bois et le lança vers elles pour attirer leur
attention. Elles comprirent, ramenèrent aussitôt
leur voile sur leur figure et s'accroupirent encore
le dos au sentier.

31 juillet. — Aujourd'hui, clôture du ramadan.
En l'honneur du beïram, les enfants sont en grande
toilette. Mustapha se pavane dans une veste de
soie à larges rayures roses et blanches, qui lui
donne l'air d'un jockey. Aïcha et Pakisé ont de
longues robes roses, traînant presque jusqu'à terre,
comme en portaient les petites filles au temps de
la Restauration. Tous les Turcs des villages voisins se sont rendus au lever du jour à la mosquée
de Sari Doganli, celle de Snevce ayaut été démolie
par les Bulgares en 1912. Nous les rencontrons qui
reviennent, trottinant à la queue-leu-leu sur leurs
petits ânes, graves et revêtus de leurs plus beaux
habits. Lés turbans blancs des hodjas sont imma-
culés.

La piste grimpe à travers les rochers gris qui
percent de toute part la peau jaune de la montagne.
Des moutons et des chèvres cherchent leur vie sur
ces pentes desséchées et tondent avec voracité les
buissons de chênes; ils ne se lassent pas de rever-
dir chaque année pour être rongés de nouveau.

Le sentier est dur aux poumons et aux jarrets
des chevaux. Mais c'est un plaisir, quand on s'ar-

rête pour souffler, de se retourner et de jouir de l'élargissement rapide du paysage à mesure qu'on monte. La cuvette au fond de laquelle coule le Spanc étale ses champs jaunes et verts entre les deux branches du Krusa Balkan. Au loin vers le sud-ouest, le lac d'Ardzan s'allonge dans la plaine basse. Du col, le regard plonge de l'autre côté dans la vallée de la Butkova, toute hérissée d'arbres. Des croupes arrondies et boisées y descendent en gradins ; entre elles, des ravins dont on ne voit pas le fond. La vallée est bordée en face par la haute muraille du Belès, dressée devant nous comme un rude obstacle, même si l'ennemi n'en garnissait pas la crête. A l'ouest, au delà de la nappe brillante du lac Doiran, s'étagent des chaînes successives, baignées de brume, que teintent toutes les nuances du violet et du mauve.

Du col nous redescendons à Snevce par la route « carrossable », comme le dit une pancarte fraîchement dressée. Le mot n'est pas trop prétentieux. Elle est praticable non seulement aux arabas qui font le ravitaillement, mais même à l'automobile du général et aux automobiles sanitaires. Nos fantassins, de combattants mués en terrassiers, ont accompli dans cette région un travail prodigieux. La moitié de la division est devenue une sorte d'entreprise de travaux publics, chargée de tracer et de construire des routes dans un pays où il n'y eut jamais que des sentiers et où l'on passe de l'altitude de 300 mètres à celle de 800, pour retomber à 200. Des ponts en ciment armé ont été jetés par-dessus les ravins, au fond desquels des torrents se précipitent après les pluies. Nulle part, même dans les parties les plus dénudées des Alpes, je n'ai vu le ruissellement produire de pareils effets. Le sol est d'une légèreté extrême; les roches mêmes, de gneiss et de micaschiste, s'effritent en minces lamelles. Les ravins gagnent sans cesse sur le terrain, que mordent des érosions lentes ou brusques, par lesquelles se ramifie toujours davantage le réseau des affluents. Même au fond de la vallée, dans un champ si plat que l'œil n'y perçoit aucune pente, on voit se creuser par affouillement des crevasses, amorce de ravins nouveaux. D'après les statistiques, le total des chutes de pluie annuelles est à peu près le même qu'à Paris. Mais les pluies sont moins fréquentes et plus abondantes. Au mois de mai, nous avons vu pendant un orage accourir dans le lit de Spanc presque à sec une vague haute d'un mètre, roulant des tentes, des bâts, des caisses de cartouches, qu'elle avait enlevés comme des fétus.

Pour le moment, il n'est pas question de pluie; depuis deux mois, il n'est pas tombé une goutte d'eau. Les Turcs eux-mêmes se plaignent de la sécheresse; de nombreux champs de maïs n'ont rien donné et la récolte est très inférieure à la moyenne.

Sur la route les chevaux enfoncent dans une profonde couche de poussière; le nuage qu'ils soulèvent persiste dans l'air que n'agite aucun souffle. Elle rend plus pénible encore le travail des fantassins; peu à peu, il a fallu réduire les heures de présence sur le chantier. Les plus à plaindre sont les muletiers employés au ravitaillement, qui font tous les jours de 20 à 30 kilomètres à côté de leur bête. Sans jamais de repos, leur lente navette va et vient entre le régiment aux avant-postes et la gare où le Decauville apporte les vivres. Aucun moyen de leur diminuer la fatigue. S'ils marchent la nuit pour éviter la chaleur, ils souffrent de la privation du sommeil réparateur. Leur figure vieillie, où la sueur trace des sillons dans la poussière, trahit leur lassitude, et le déchet est grand parmi eux. Ne se trouvera-t-il pas un poète pour glorifier ces humbles? Leur misère devrait inspirer un Louis Mercier, qui écrirait la prière « pour les muletiers de l'armée d'Orient » comme « pour ceux qui portent des rondins ».

L'air brûle, le ciel est blanc, le soleil flamboie. Dans l'éblouissement de la lumière de midi, certaines couleurs disparaissent comme dévorées; ainsi les mauves et les chicorées sauvages qui fleurissent en quantité sur les talus semblent décolorées et presque blanches. Les moutons pâmés se serrent dans l'ombre étroite des buissons. Quand on passe sous les arbres, on entend le grincement des cigales. Auraient-elles changé depuis l'antiquité ? Comment s'expliquer sans cela par quelle aberration les poètes grecs ont pu traiter de divine musicienne cet affreux insecte et comparer à un chant sa crécelle exaspérante, rapide, monotone et continue ?

Les derniers kilomètres sont de plus en plus durs. L'arrivée à la maison n'apporte presque aucun soulagement : 43 degrés dans la galerie où nous déjeunons ; le bois et le verre sont chauds au toucher. On n'a qu'une hâte, gagner sa chambre, s'effondrer dans la sieste. Ici, les nuits sont bruyantes ; par les fenêtres ouvertes entrent tous les bruits des bêtes qui vivent dans l'obscurité ; par-dessus tous, le cri strident des sauterelles, sur deux notes ; celui des grillons, si doux et monotone ; le brekekex des grenouilles, la voix flûtée des crapauds ; de temps en temps un gémissement de chouette. C'est pendant les heures de la sieste que règne le grand silence ; aucun bruit ne pénètre dans la chambre close, que le chant d'une tourterelle perchée sur le pignon, qui roucoule en quatre temps d'une voix enrouée.

Août. — Les nécessités militaires nous contraignent à faire évacuer les villages sur la ligne des avant-postes ; ils sont habités par des chrétiens de langue bulgare, ceux que l'administration hellène appelle des « Grecs bulgarophones ». Nous assistons à ce spectacle, que l'Orient vit si souvent se renouveler au cours des siècles, d'une population abandonnant ses demeures.

Les habitants ont entassé sur des chars aux roues anguleuses, aux ais bruyants, tout ce qu'ils possèdent : nattes, tapis, peaux de moutons, ballots d'effets, les charrues si légères, les marmites noires de suie, des poules, même une ruche autour de laquelle bourdonne l'essaim. Le rouge des couvertures, des ceintures des hommes, des fichus et des tabliers des femmes jette des notes éclatantes. Les ânes aussi sont chargés de ballots par-dessus lesquels sont ficelés les petits enfants. La tête dans le prolongement du corps, le cou tendu, le garrot saillant en bosse, les buffles tirent les chars ; l'air indolent, sans effort apparent, ils avancent avec des mouvements raides. Leur nuque est pelée au passage du joug, leur mufle noir, toujours baveux ; des verroteries bleues ornent leur tête stupide et farouche.

Les hommes sont chaussés ; sur les bas tricotés, ils portent des souliers à bouts relevés, faits de deux pièces de cuir grossièrement assemblées. Les femmes marchent pieds nus ; à la traversée du gué, celles qui ont des nourrissons sur le bras sont bien en peine pour relever leur lourde jupe. Les buffles s'arrêtent pour boire au milieu de la rivière ; debout sur le timon, le conducteur les pique. Des ânons indociles s'échappent, un cherche à téter sa mère tout en marchant. Précédé par le troupeau bêlant des chèvres et des moutons, le convoi avance au pas lent des attelages dans un nuage de poussière dorée.

Le village reste complètement abandonné; seuls demeurent quelques chiens et, sur les toits des maisons vides, les cigognes qui sans trêve font, en claquant leur bec, ce bruit qu'avant la guerre on comparait au bruit des castagnettes, qu'on compare maintenant au bruit des mitrailleuses.

Triste exode, mais peut-être moins pénible à ces gens qu'à ceux de chez nous, parce qu'ils n'abandonnent pas ces meubles, polis par les ans, dont nos familles sont si fières. Ils emportent tout leur avoir avec eux.

Au plus fort de la chaleur, le convoi arrive à Snevce. C'est le troisième jour de marche, tous sont bien las. Nous les installons dans le lit de la rivière. Non sans peine, les chars se rangent sur une double file. On déballe les enfants, les marmites, les tapis et le campement s'organise. Quelles couleurs! Voici une petite fille avec une robe orange serrée sous les bras par une haute ceinture verte, et, par devant, un tablier écarlate. Mais quelle misère! Dans cette humide vallée de la Butkova, le paludisme règne en maître; la plupart des enfants sont minés par la fièvre, même les nourrissons; leurs pauvres petites figures jaunes font mal à voir. Il en est qui sont morts en route, d'autres vont mourir ce soir. Le petit corps d'une fillette de cinq à six ans est allongé sous une couverture, les femmes qui l'entourent n'arrivent pas à chasser les mouches de son visage cireux. Une d'elles, — la mère sans doute, elle pleure, — donne le sein à un être rabougri, dont la figure est plus cadavérique que celle de sa sœur. Deux petits bouquets de fleurs ont été disposés de part et d'autre de la tête de la morte; une vieille femme apporte un cierge de cire, l'allume et le met à ses pieds. Nous la ferons enterrer ce soir dans le cimetière chrétien de Snevce. Tout à côté, des enfants jouent, insouciants. Le convoi traîne avec lui des millions de mouches qui grouillent en paquets sur les vêtements, les ballots, les visages.

Il faut distribuer du pain aux émigrants : une ration par tête. Tous les chefs de famille, hommes ou femmes, défilent un par un devant le maire, responsable de la vérité de leurs dires, et déclarent combien de bouches ils ont à nourrir. Il y a beaucoup d'enfants; les familles sont bien plus nombreuses que chez les Turcs.

Des soldats se sont approchés et assistent à la distribution. Chez eux, aucun sentiment de pitié; presque toujours, leur attitude à l'égard des indigènes turcs et chrétiens est pleine de mépris ou de malveillance. « Ce sont tous des espions », disent-ils. D'ailleurs, aucun fait précis n'a jamais corroboré ce jugement sommaire. Dès le premier jour, ils ont contemplé avec indifférence, presque sans curiosité, ces gens bizarrement ou misérablement vêtus. Ils tiennent en un grand mépris tous ces « Turcs », comme ils les appellent. « Fainéant comme un Turc » leur est une expression familière; pour eux, ce nom n'évoque que l'idée de paresse et non plus celle de force. Cultivateurs comtois, vignerons jurassiens, ouvriers des grandes usines de la région de Montbéliard, nos soldats sont trop laborieux pour ne pas s'indigner de voir dans ce pays les hommes et les femmes passer la journée à ne rien faire. Un d'eux me dit : « Il a fallu que ce soit nous qui apprenions aux femmes à laver notre linge. » Quand, dans la Nouvelle Serbie, nous avons parlé aux officiers et aux fonctionnaires serbes de cette paresse de leurs administrés, ils ont répondu, pour l'excuser, qu'elle était le résultat de l'insécurité où ils vivaient sous le régime turc : ne sachant jamais quelle part leur serait laissée du fruit de leur travail, pour ne pas être frustrés, ils avaient pris l'habitude d'en faire le moins possible. Il faudra plus d'une génération pour changer cet état d'esprit.

Les soldats sont aussi choqués par le dénuement qu'ils constatent. Avec leur raisonnement simpliste, ils concluent que des gens vivant aussi chichement ne valent pas grand'chose. Pas de meubles dans les maisons, ni tables, ni sièges, ni lits; on couche sur des nattes, enroulé dans des couvertures qui, dans la journée, sont rangées dans un coin de la chambre. Les habitants vivent de rien ; le fond de leur nourriture consiste en un pain mal cuit, fait avec de la farine à peine levée, et en légumes : oignons, poireaux, choux, piments rouges. Ils mangent rarement de la viande ; les œufs et le fromage en tiennent lieu. Il n'y a là rien de bien extraordinaire : c'est l'alimentation qu'avaient nos paysans du Limousin, du Berry, de la Bretagne il y a seulement une trentaine d'années. Mais les soldats n'ont pas connu ce temps. « Impossible de trouver du vin, chez ces gens-là, » disent-ils souvent comme suprême expression de mépris. Et ils font la comparaison avec les cantonnements d'Alsace, pays de cocagne, où chaque maison était devenue un débit clandestin, qui vendait chaque jour des centaines de litres de vin.

D'une manière générale, ils ont eu des désillusions. Combien de fois n'ai-je pas entendu ces mots : « Quel pays ! C'est cela qu'on appelle les beautés de l'Orient ! » Ils lui reprochent d'être sans arbres : leur terre natale ne porte-t-elle pas les plus belles forêts de France, qui la parent et l'enrichissent ? Ils regrettent jusqu'aux tranchées du Linge et de l'Hartmannsweilerkopf ; l'endroit était plus mauvais, mais on y était mieux nourri. L'Intendance n'a pourtant jamais manqué de leur donner le nécessaire, mais impossible de se procurer sur place le superflu, qui est l'essentiel. Quelques-uns se félicitent d'être venus en Serbie, ce qui leur a fait voir du nouveau ; mais ils font exception, ce sont presque toujours des gens ayant déjà voyagé. Dans cette Macédoine inconnue, hostile, la plupart souffrent du dépaysement ; ils se sentent trop loin de chez eux. Ils ont besoin du ravitaillement moral. Justement le courrier de France arrive avec une grande irrégularité ; c'est aussi une cause de démoralisation. Il faut avoir vu la joie de tous le jour où il y a des lettres et le désespoir quand elles se font trop attendre pour comprendre l'importance qui s'attache à la perfection du service postal.

17 août. — De l'observatoire du piton Bellevue, nous suivons l'attaque que nos voisins de gauche dirigent depuis huit jours contre la position de Doiran. Nous ne savons pas trop ce qu'il en faut penser. S'agit-il de percer le front en ce point? D'essayer une diversion pour dégager les Serbes qui sont bousculés du côté de Florina? Est-ce tout simplement l'offensive que nous avions promise aux Roumains pour les entraîner?

En tout cas, si les Bulgares se défendent, l'attaque ne peut pas réussir avec les faibles effectifs et les moyens insuffisants mis en œuvre. Nous connaissons depuis longtemps cette organisation défensive, certainement très forte : de même que nous pour le camp retranché de Salonique, les Bulgares ont dû tracer leurs lignes de défense en

utilisant au mieux le terrain et soignant les flanquements. Nous les avons vus pendant des mois
creuser le roc à coups de mine pour faire des
tranchées, des trous de mitrailleuses, des abris pour
le personnel. Les photographies prises par les aviateurs montrent le plan d'une série d'ouvrages en
profondeur avec plusieurs réseaux de fils de fer.
Peut-être comptait-on qu'ils se défendraient mal :
leur moral paraît très bas, s'il faut en croire ceux
qui, presque journellement, viennent se rendre et
disent qu'ils sont fatigués de la guerre et ne veulent pas se battre contre les Français et contre les
Russes. Propos intéressés auxquels il serait sage
de ne pas attacher trop d'importance.

L'ordre d'attaque a été donné pour le 9 au
matin. Il prévoit, après l'enlèvement des avancées,
celui de la position principale. Trente-quatre batteries de divers calibres préparent et appuient le
mouvement de l'infanterie. Le premier jour, nous
les avons vues déverser sur les positions ennemies
des milliers de projectiles, pour ouvrir des brèches
dans les réseaux de fil de fer, bouleverser les
tranchées, les abris de mitrailleuses, les observatoires. A notre grand étonnement, l'artillerie des
Bulgares n'a pas répondu. Qu'est-ce que cela veut
dire? Auraient-ils été surpris? Seraient-ils décidés,
comme le bruit en court, à lâcher les positions
après un simulacre de résistance?

Ce silence de l'ennemi et ce tir d'une violence

extraordinaire qui s'exécute sans riposte produisent un effet singulier. On sent de loin le martèlement de la position, à voir les nuages de fumée qui la couvrent et l'enveloppent. Ils jaillissent vers le ciel en colonnes blanches, noires, jaunes ou s'épanouissent en de larges masses. Le feu dont elle est enveloppée lui prête une sorte de vie terrible, qui contraste avec le calme profond observé du côté de nos lignes. A peine y découvre-t-on de temps à autre dans la plaine inondée de soleil l'éclair bref de quatre flammes qui trahissent une batterie.

Après cette préparation, le 9 au soir, les coloniaux ont occupé la gare de Doiran et le poste avancé de 227. L'ennemi avait abandonné la place en y laissant des cadavres.

Le 10, changement. Une batterie de 75 qui s'est portée près de la gare a été prise, à peine en position, sous un tir réglé de 150; le personnel a dû quitter les pièces et se réfugier dans un petit ravin à proximité. De l'observatoire nous voyons, à la lunette, des brancards aller et venir. Trois taches noires restent auprès des canons : des morts et des blessés. L'artillerie ennemie répond sur tout le front, ses gros obus écrasent à leur tour le terrain que l'infanterie a occupé et fouillent les ravins dans lesquels elle s'abrite.

A nos pieds, le lac s'arrondit, uni comme un miroir; le reflet rosé des montagnes se perd dans le bleu de l'eau. Du côté de la vallée menant à la

Struma entre le Belès et le Krusa Balkan, ses rives plates se prolongent par des prairies basses, où brille le ruban sinueux d'une petite rivière. A droite, un couloir étroit les sépare du pied du Belès. Au fond, elles sont bordées par la colline sur laquelle s'étagent les maisons blanches et jaunes de Doiran, jetées en désordre et entremêlées de bouquets d'arbres; au-dessus, pointe un minaret.

Les hauteurs se profilent les unes sur les autres groupées en trois plans principaux. Les premières sont désignées, d'après leur forme, par des noms illustres ou familiers : la Tortue, le Petit et le Grand-Couronné, les Tétons de Doiran, le Casque. En arrière, la croupe allongée de 535, ou la crête du Dub. En arrière encore, tout embrumées, les montagnes de l'autre côté du Vardar. Les deux premiers plans nous représentent l'ensemble de la position à enlever, vraiment formidable avec ses pentes raides et nues sur lesquelles nous voyons en noir la ligne brisée des tranchées; ses crêtes étagées se commandent les unes les autres jusqu'à la masse énorme de 535.

A droite de Doiran, elles s'abaissent et forment une dépression où serpente une route blanche : la route de Serbie. Dans des creux de la montagne, on devine des villages : Cerniste et peut-être ce Furka, qui évoque les souvenirs si émouvants du 11 décembre 1915, la dernière journée de la retraite.

Au bord du lac, de notre côté, dans un bouquet d'arbres, les quatre maisons de la station de Doiran, éventrées mais toujours debout, malgré les tirs qui s'acharnent sur elles. Dans la plaine, des taches sombres, bois, boqueteaux; un village, Pataros. Elle est dominée par un plateau peu élevé, dont les pentes descendent assez brusquement : c'est celui que nous appelons 227. A nos pieds, les croupes boisées de la chaîne sur laquelle est l'observatoire; elles enserrent des ravins profonds et sinueux par où les colonnes ennemies pourraient, à l'abri des vues et des coups, arriver jusqu'à la crête de Krusa Balkan.

Sur le champ de bataille flotte un grand nuage de fumée, lentement emporté vers le sud. Les obus éclatent sans arrêt : bombardement de notre part, tirs de barrage de celle de l'ennemi. En dehors de leurs gerbes, on ne voit rien, à peine quelques fantassins qui courent, puis se couchent. Nous apprenons que les coloniaux ont gagné du terrain, occupé la Tortue, conquis Dodzeli : mais sous la violence du feu des mitrailleuses et des canons ennemis, ils ne peuvent pas s'y maintenir; impossible de creuser des tranchées dans ce sol rocheux. Durant ces huit jours de combat, les souffrances des hommes ont été terribles; ils se sont battus sur des pentes où ils n'avaient pas un buisson pour s'abriter du soleil, pas une goutte d'eau à boire.

21 août. — Dans la nuit est arrivé l'ordre d'interrompre les préparatifs de l'attaque qui devait avoir lieu ce matin et d'arrêter le bombardement. Des forces bulgares sont signalées descendant de Demir Hissar sur la rive gauche de la Struma. L'ennemi veut sans doute s'assurer la possession de la région de Serès.

D'autre part, nous avons occupé quatre villages sur les premières pentes du Belès. L'ordre était de considérer cette occupation, non pas comme une reconnaissance, mais comme une amorce d'escalade. Il s'agit encore d'une diversion, car on ne peut pas songer sérieusement à entreprendre l'attaque de la montagne. Quant aux compagnies ainsi jetées en enfants perdus de l'autre côté de la vallée, elles risquent de se faire enlever.

On parle de notre relève par les troupes italiennes et de notre transport en Macédoine occidentale..., à moins que ce ne soit du côté de Serès.

FIN

TABLE DES MATIÈRES

PARIS

TYPOGRAPHIE PLON-NOURRIT ET Cie

8, rue Garancière